Patrick Rosenthal

HEIMATKÜCHE *vegan*

Trage dich jetzt unter
www.vegetarisch-und-vegan.de
für unseren Newsletter ein und
erhalte kostenlose Rezepte und Infos
zu neuen Veröffentlichungen!

Patrick Rosenthal

HEIMATKÜCHE *vegan*

Über 60 Gerichte
von Käsespätzle
bis Apfelkuchen

riva

INHALT

VORWORT

Ernährt er sich jetzt vegan? Nein, tut er nicht.

Also in diesem Sinne: Nein, tue ich nicht, aber immer öfter. Nicht weil es »Trend« ist, sondern weil mir unglaublich viele Speisen, die vegan zubereitet worden sind, einfach viel besser schmecken als die traditionellen Varianten mit Fleisch, Fisch, Milch, Käse, Eiern und Co. Ist so!

Ich möchte auch gar nicht anfangen, über den gesundheitlichen Aspekt und Dinge wie Tierwohl oder Klimaschutz zu schreiben. Du hast einen Grund, warum du dieses Buch in der Hand hältst und hoffentlich viele Rezepte ausprobieren wirst. Das reicht mir.

Wie ich dazu gekommen bin? Als Kochbuchautor und Food-Fotograf ist Ernährung 24/7 bei mir im Kopf vorhanden. Aber ihr kennt sicherlich das Sprichwort »Der Schuster hat die schlechtesten Schuhe«, oder? Also habe ich mich irgendwann hingesetzt und meine Ernährung beziehungsweise mein Essverhalten begutachtet. Und je mehr ich mich mit Essen beschäftigte, desto sensibler bin ich mit diesem Thema umgegangen und wollte immer mehr wissen und ausprobieren. Ich kann mich noch gut an meine viermonatige zuckerfreie Ernährungsumstellung erinnern: Kopfschmerzen und das Verhalten eines Süchtigen auf Entzug. Meinem Körper hat es aber ziemlich gutgetan. Heute esse ich zwar wieder gerne süß, aber in Maßen. Da sich auch der Geschmackssinn verändert hat, sind mir viele Lebensmittel, die ich mir vorher reingezogen habe, mittlerweile einfach zu süß.

Und irgendwann bin ich auf einige vegane Speisen gestoßen. Die Klassiker wie veganes Eis (was mir oft viel besser als »normales« Eis schmeckt) und veganer Frischkäse waren ausschlaggebend, einfach mal mehr zu probieren. Und da ich wissen wollte, wie es ist, sich »so richtig« vegan zu ernähren, habe ich mich hingesetzt und viele tolle Rezepte ausprobiert, die ich euch nicht vorenthalten möchte. Ich mag es oft lieber deftig auf dem Teller, so war schnell klar, dass es Heimatküche sein muss, die ich versuche zu veganisieren. Schmecken vegane Käsespätzle oder ein veganes Würstchengulasch wirklich wie bei Muttern? Probiere es aus. Von mir gibt es jedenfalls ein ganz klares »JA!«.

Jeder kennt wenigstens ein Gericht aus der Kindheit oder seiner Heimat, welches er mit Heimatküche verbindet, oder? Je nach Generation haben sich die verschiedenen Interpretationen von Heimatküche verändert. Früher waren es meist Gerichte, die die ganze Familie satt machen mussten. Am besten mit Zutaten, die man selber anbauen oder mit denen man Reste verwerten konnte. Kein Wunder also, dass Eintöpfe und Suppen so beliebt waren. Bei mir waren es die Gerichte, die Mama meist samstags kochte. Der Geruch und der Geschmack dieser Leckerbissen aus der Kindheit – das ist für mich Heimat.

Heute haben sich die Speisen hinter dem Wort »Heimatküche« vermischt. Je nach Region und Alter sind es in Bayern Knödel, im Schwabenländle Spätzle, in Hessen Grie Soß und in Berlin auch mal die Currywurst. Aber denken wir mal weiter: Viele von uns sind auch mit Spaghetti Carbonara und einer deftigen Lasagne aufgewachsen. Und Mama hat sie mit so viel Liebe gemacht, dass du heute noch beim Anblick einer Lasagne Heimatgefühle nach Oer-Erkenschwick (wo auch immer das ist) bekommst. Also seid gespannt auf die vegane Heimatküche, die ganz unkompliziert zuzubereiten ist. Ihr werdet rasch merken: Vegan bedeutet nicht Verzicht, sondern eine neue Geschmacksrichtung, die man schnell lieben wird.

Kochen ist auch Experimentieren. Und das Tolle daran ist, dass du immer deinen eigenen Geschmack mit einbringen kannst. Du bekommst mit der Zeit einfach ein Gefühl für die richtigen Zutaten. Beim Kochen ist es erlaubt, sich auch mal nicht akribisch an ein Rezept zu halten. Das macht richtig Spaß.

VEGANE ALTERNATIVEN

Vegane Sahne und Milch

Auch wenn sich zum Beispiel die Hafermilch nicht mehr Milch nennen darf, sondern nur noch »Drink« als Zusatz verwenden darf, nenne ich in diesem Buch bei veganen Milchalternativen diese auch weiterhin Milch, denn schließlich darf sich die Kokosmilch auch weiterhin Milch nennen.

Es ist unglaublich, wie viele Alternativen es mittlerweile in den Supermärkten gibt.

Sahne gibt es aus Sojabohnen, Hafer, Mandeln oder Kokosnüssen.
Aber auch süße Schlagsahne darf nicht fehlen. Sie lässt sich wie »normale« Sahne perfekt aufschlagen. Mittlerweile findet man sogar fertige vegane Sprühsahne in den Regalen.

Bei der Milch ist das Sortiment noch viel größer. Die gängigsten Sorten bestehen aus Soja, Mandel, Reis und Hafer. Alternativ gibt es aber auch Sorten aus Dinkel, Quinoa, Hirse, Lupinen, Erbsen und Hanf. Aber auch Nussmilch aus Cashew, Haselnuss und Macadamia sind zu finden.

Beim Backen benutze ich gerne Hafer- oder Mandelmilch. Für Puddings eher Soja-, Cashew- oder Kokosmilch.

Zum Kochen hat sich für mich die Hafermilch als beste geschmackliche Alternative zu Kuhmilch entpuppt.

Und wer gerne Latte macchiato, Milchkaffee und Cappuccino trinkt, der wird die Mandelmilch lieben. Sie lässt sich auch besonders gut aufschäumen.

Im Kapitel »Frühstück« findest du auch ein Rezept, wie du Hafermilch ganz einfach selber machen kannst.

Ob du dich vegan oder omnivor ernährst, pflanzliche Milchalternativen liegen im Trend und gelten als gesund. Achte aber darauf, dass einige Milchalternativen gesüßt sind und du so unnötig Zucker aufnimmst.

Hier die wohl bekanntesten Milchalternativen und ihr Verwendungszweck:

Sojadrink

Sojamilch ist vielseitig einsetzbar und es gibt sie in vielen verschiedenen Ausführungen. Als pure Milch, als Lightversion oder auch in anderen Geschmacksrichtungen wie Schoko oder Vanille. Man kann sie wunderbar pur trinken.

Der Eiweißanteil ist in Sojamilch besonders hoch und die ungesättigten Fettsäuren in der Sojamilch sind perfekt für das Herz-Kreislauf-System. Aber Achtung: Wer an Gicht leidet, sollte

Sojamilch nur in Maßen trinken, da sie viele Purine enthält.

Mandeldrink

Mandelmilch schmeckt leicht süßlich und wird oft zum Backen oder für Desserts genutzt. Ich liebe sie in der Zubereitung von Eis, weil sie einen leichten Marzipangeschmack hat. Auch in der ungesüßten Variante hat sie noch einen leicht süßlichen Geschmack.

Mandelmilch enthält Vitamin B2, welches wichtig für Stoffwechsel und Hormonhaushalt ist.

Hafermilch

Unter den Pflanzendrinks ist Hafermilch am leichtesten erhältlich und passt perfekt in den Kaffee, ist aber auch für warme Porridges und zum Kochen geeignet.

Hafer enthält Ballaststoffe, die lange satt machen.

Reisdrink

Reismilch ist im Geschmack ähnlich wie die Mandelmilch auch etwas süßlich, aber ansonsten eher geschmacksneutral und deswegen vielseitig einsetzbar.

Reismilch ist sehr bekömmlich und eignet sich bei Laktose- oder Glutenunverträglichkeiten.

Da für den Reisanbau viel Wasser benötigt wird, ist hier die Ökobilanz allerdings nicht so überzeugend.

Haselnussdrink

Milchalternativen auf Nussbasis sind perfekt zum Kochen und Backen, aber auch etwas teurer. Ich nutze sie gerne gekühlt pur oder im Kaffee.

Nüsse enthalten wichtige Nährstoffe wie Vitamin E, Zink oder Magnesium. Da man Nüsse auch in Europa anbauen kann, kann sich auch die Ökobilanz sehen lassen.

Kokosmilch

Kokosmilch ist ein toller Sahneersatz und eignet sich nicht nur für Desserts und die Eisherstellung hervorragend, sondern gibt auch Currys erst den richtigen Geschmack. Ich achte beim Kauf gerne darauf, dass diese nicht aus Thailand kommt, da für die Kokosnussernte meist Affen versklavt und misshandelt werden.

Hanfmilch

Hanfdrinks aus Hanfsamen sind noch recht neu auf dem Markt und eignen sich durch das nussige Aroma besonders gut für Desserts.

Erbsendrink

Erbsendrinks überzeugen mit wenig Kalorien und viel Eiweiß.

Fleischersatz

Ob Discounter oder Supermarkt, das Angebot von Fleischersatzprodukten ist riesig.

Während man sich früher »abmühen« musste, aus Seitan und Co. selber Würstchen und Schnitzel herzustellen, haben die Supermarktregale mittlerweile fast alle Formen und Ausführungen in der veganen Version vorrätig. Hier meine Lieblinge:

Tofu

Tofu ist der Klassiker, denn er kann mit verschiedenen Marinaden gewürzt werden. Räuchertofu ist etwas fester und kann auch gut als Gulasch- oder Speckersatz verwendet werden.

Tempeh

Tempeh wird aus fermentierten Sojabohnen hergestellt, hat eine feste Konsistenz und lässt sich daher gut braten und frittieren.

Sojafleisch

Sojafleisch gibt es in allen Variationen. Es ist ziemlich geschmacksneutral und wird meist in Gemüsebrühe eingeweicht.

Das Sojafleisch ist durch seine Konsistenz dem Fleisch sehr ähnlich und damit perfekt für Gerichte wie Bolognese, Gulasch oder auch als Steak auf dem Grill geeignet.

Seitan

Seitan besteht zu 100 Prozent aus Weizeneiweiß, da es aus Gluten hergestellt wird, und kommt der Konsistenz von Fleisch unglaublich nah. Seitan ist bissfest und faserig. Mittlerweile bekommst du schon Fake Chicken und Fake Seitan im Asia Shop in der Dose.

Getreide

Getreidesorten wie Grünkern, Bulgur oder Haferflocken können perfekt für Frikadellen und Chili sin Carne verwendet werden.

Jackfruit

Jackfruit gibt es mittlerweile in Dosen in Supermärkten zu kaufen. Sie ist geschmacksneutral und perfekt für Pulled Pork und auch Hühnerfrikassee geeignet.

Bohnen und Linsen

Schwarze Bohnen und Kidneybohnen eignen sich super als Basis für Bratlinge und Leberwurst. Linsen können ebenso zu Pattys verarbeitet oder auch als Hackersatz verwendet werden.

Süßlupine

Die Süßlupine ist ein wahrhaftes Wunder, denn sie kann ebenso für süße Speisen wie für herzhafte Gerichte verwendet werden.

Pilze

Pilze sind ein hervorragender Fleischersatz. Ich liebe den Portobello-Pilz als Fleischersatz für meinen Burger.

Veganer Käseersatz

Ich gebe zu, dass ich am Anfang nur schwer auf Käse verzichten konnte. Mittlerweile gibt es viele tolle vegane Ersatzprodukte, die es auch immer wieder in meinen Kühlschrank schaffen. Noch besser: Käse selber herstellen.

Die veganen Käseersatzprodukte basieren auf unterschiedlichen Rohstoffen. Hefe gibt den meisten veganen Käsesorten den »käsigen« Geschmack.

Veganer Frischkäse besteht meist aus Sojaprotein und pflanzlichen Fetten und/oder Mandeln und Cashewkernen.

Für Pizza rühre ich mir als Streukäse mit 2 EL veganer Margarine und 200 ml Sojasahne in einem Topf auf mittlerer Hitze eine dicke Masse an und verfeinere sie mit Hefeflocken.

Meinen veganen Parmesan stelle ich immer selber her: Für 100 g Parmesan nimmst du 85 g Cashewkerne, 15 g Hefeflocken, ½ TL Salz und ⅙ TL Knoblauchpulver und gibst alles in einen Standmixer. Nicht zu lange mixen, da sonst das Öl aus den Cashews austritt und die Masse klumpig wird.

Veganer Ei-Ersatz

Auch wenn es in den Supermärkten immer mehr Ei-Ersatzprodukte gibt, versuche ich meist, Eier durch folgende Alternativen zu ersetzen:

- Zarte Haferflocken eignen sich gut als Bindemittel.
- Je 1 EL Leinsamen und Chiasamen in 3 EL Wasser aufgequollen (für circa 15 Minuten) eignen sich hervorragend als Bindemittel von veganen Fleischbällchen und Burger-Pattys.
- Johannisbrotkernmehl dickt Flüssigkeiten auch kalt und eignet sich zum Verdicken von Süßspeisen wie Cremes, Puddings und Eis, aber auch von Soßen und Suppen.
- 2 EL Tomatenmark können ein Ei ersetzen.
- Kartoffel-, Mais- und Tapiokastärke können als Bindemittel für Soßen und Pudding verwendet werden. Vermische 1 EL Tapiokastärke mit 3 TL Wasser, um ein Ei zu ersetzen.
- 5 EL pürierter Seidentofu ersetzt ein Ei und kann gut zum Backen verwendet werden.
- Verrührt mit Wasser kann Kichererbsenmehl für Omeletts und Quiches verwendet werden. Für ein Ei 3 EL Kichererbsenmehl mit 3 EL Wasser verrühren, bis eine Paste entstanden ist.
- Veganer Eischnee aus Aquafaba für Schokoküsse, Baiser und Mousse au Chocolat. Das Abtropfwasser der Kichererbsen ist ein tolles natürliches Nebenprodukt. Mit einem Handrührgerät muss Aquafaba etwa 10 Minuten lang aufgeschlagen werden, bis es zu einer festen weißen Masse wird. Ein Eigelb mit 1 EL Aquafaba, ein Eiweiß mit 2 EL Aquafaba ersetzen.
- Zum Backen kannst du ein Ei mit ½ Banane ersetzen.
- 1 EL Sojamehl verrührt mit 2 EL Mineralwasser können ebenso ein Ei ersetzen.

Veganer Honigersatz

Auch Honig kann durch Agavendicksaft, Ahornsirup, Reis- oder Dattelsirup ersetzt werden. Sie schmecken alle unterschiedlich lecker und du wirst schnell deinen Liebling finden.

Vegane Fischalternativen

Fisch kann man mittlerweile auch gut ersetzen, denn Algen geben vielen Gerichte eine besonders leckere Note und ein leichtes Aroma nach Meer. Dazu sind sie auch noch reich an wertvollen Mineralstoffen, Vitaminen und Omega-3-Fettsäuren.

Tofu kann gut in einer veganen Fischbrühe eingelegt und danach weiterverarbeitet werden.

Die Fischbrühe kannst du ganz einfach herstellen. Für 1½ l Brühe benötigst du 10 g getrocknete Kombu-Algen, 15 g getrocknete Shiitakepilze, 5 g getrocknete Wakame-Algen und 5 g Maitakepilze. Diese gießt du mit 1½ l kaltem, stillem Mineralwasser auf und lässt die Mischung über Nacht ziehen. Dann die Pilze klein schneiden und alles in einen Topf geben und 1 Stunde bei mäßiger Hitze (darf nicht kochen) sieden lassen. Sobald 90 °C erreicht werden, die Kombu-Algen herausnehmen, kurz aufkochen lassen und weitere 5 Minuten köcheln lassen. Dann abseihen.

Vegane Butteralternativen

Butter und Schmalz kannst du durch Pflanzenöl ersetzen. Aufs Brot kommen pflanzliche Margarine oder vegane Butter.

Achtung beim Einkauf

Als ich anfing, dieses Buch zu schreiben, habe ich mir angewöhnt, mir bei Fertigprodukten genau anzuschauen, was drin ist. Ich war erstaunt – auch beim Restaurantbesuch.

Pommes frites zum Beispiel. Sie sollten aus Kartoffeln und gegebenenfalls Gewürzen bestehen. Fertig frittiert zählt man noch das Frittierfett hinzu. Im Restaurant werden Pommes frites auch mal in Schweine-/Butterschmalz frittiert. Einigen Tiefkühl-Pommes werden Milch-/Käsebestandteile zugesetzt oder sie enthalten nichtvegane Zusatzstoffe, damit sie eine schöne gelbe Farbe erhalten oder knuspriger sind.

Auch bei Weinen lohnt es sich, auf die Bezeichnung vegan zu achten: Denn auch wenn Wein eigentlich nur aus der Vergärung von Trauben besteht, werden bei der Erzeugung oft Hilfsmittel wie Hühnereiweiß, Milchprodukte oder Gelatine benutzt.

In einigen Backwaren, besonders in Laugengebäck, ist Schweineschmalz enthalten.
Auch salzige Snacks sollte man unter die Lupe nehmen. Häufig sind sie mit Aromen vom Wild oder aus Kälberlab gewürzt.
Gelatine findet man auch oft in Müsliriegeln.

FRÜHSTÜCK UND ABENDBROT

Ein deftiges Frühstück und Abendbrot in vegan? Klar, das geht. Ein dickes Brot mit Leberwurst, knuspriger Frühstücksspeck und eine Bauernpfanne. Das geht alles. Und zwar so gut, dass selbst Fleischliebhaber keinen Unterschied bemerken werden.

Für alle US-amerikanischen Leser habe ich den über 125 Jahre alten Frühstücksklassiker »Eggs Benedict« neu interpretiert. Für ein bisschen Heimatgefühl.

Und da zu einem richtigen Frühstück oder einer deftigen Brotzeit auch ein paar Brotaufstriche nicht fehlen dürfen, habe ich euch meine drei Lieblings-Brotaufstrich-Rezepte direkt mit aufgeschrieben.

Scrambled Tofu

ZUTATEN FÜR 4 PORTIONEN

1 TL Sesamöl
1 Zwiebel
3 Knoblauchzehen
1 Tomate
2 rote Paprika
2 Karotten
½ Bund Petersilie
¼ TL Kurkuma
400 g Tofu
½ TL getrocknetes Basilikum
Salz
Pfeffer

1. Zwiebel würfeln, Knoblauchzehen fein hacken, Tomate fein würfeln.
2. Paprika würfeln, Karotten in Streifen schneiden und Petersilie hacken.
3. Öl in einer Pfanne erhitzen. Zwiebel, Knoblauch, Paprika und Karotte zugeben und 5 Minuten unter Rühren anbraten.
4. Tomatenwürfel zugeben, unterrühren und 5 Minuten anschwitzen lassen.
5. Kurkuma zugeben und unterheben. Tofu zerbröseln und unterrühren, weitere 5 Minuten anbraten.
6. Petersilie unterrühren, mit Salz und Pfeffer würzen und mit Basilikum garnieren.

Leberwurst

ZUTATEN FÜR CIRCA 500 G

3 EL Olivenöl
1 Zwiebel
1 Dose Kidneybohnen (circa 400 g)
200 g Räuchertofu
2 EL Petersilie
2 TL Majoran
1 TL Salz
½ TL Pfeffer
3 TL Senf

1. Das Olivenöl in einer Pfanne erhitzen. Zwiebel schälen, würfeln und andünsten.
2. Kidneybohnen abgießen und unter fließendem Wasser gut abspülen.
3. Zwiebeln und Kidneybohnen mit den restlichen Zutaten in einem Hochleistungsmixer pürieren. Dann aufs Brot streichen und mit etwas Schnittlauch garnieren.

TIPP:
Wer etwas mehr Säure möchte, kann noch ½ TL Essig unterrühren.

Mettbrötchen

ZUTATEN
FÜR 500 G METT

100 g Reiswaffeln
2 Zwiebeln
4 EL Tomatenmark
1 EL Sonnenblumenöl
2 EL Weißweinessig
1 Prise Zucker
½ TL Paprikapulver, edelsüß
Salz
Pfeffer

1. Reiswaffeln grob zerbröseln und mit 300 ml Wasser übergießen und 5 Minuten einweichen lassen.
2. Zwiebeln fein würfeln und mit den restlichen Zutaten unter die Reiswaffelmischung geben.
3. Im Kühlschrank über Nacht gut durchziehen lassen.

Frühstücksspeck

ZUTATEN
FÜR 4 PORTIONEN

1 EL Ahornsirup
2 EL Sonnenblumenöl
3 EL Sojasoße
½ TL Liquid Smoke
½ TL Knoblauchpulver
1 TL Paprikapulver, edelsüß
¼ TL Salz
2 TL Tomatenmark
1 TL Senf, mittelscharf
8 Reispapierblätter

1. Backofen auf 200 °C Ober-/Unterhitze vorheizen.
2. Alle Zutaten bis auf das Reispapier zu einer Marinade verrühren. Reispapier mit einer Schere zu »Bacon«-Streifen schneiden. Die Streifen kurz in kaltem Wasser wenden.
3. Je 2 Streifen aufeinanderlegen und auf ein Backblech legen.
4. Streifen von beiden Seiten mit der Marinade bepinseln. Auf der mittleren Schiene 8–10 Minuten backen, dann vollständig abkühlen lassen.

Obazda

ZUTATEN FÜR 4 PORTIONEN

225 g veganer Camembert
2 Zwiebeln
100 g vegane Butter, Zimmertemperatur
100 g veganer Frischkäse
2 EL Paprikapulver, edelsüß
1 EL Kümmel, ganz
50 ml helles Bier
Salz
Pfeffer
½ Bund Schnittlauch

1. Camembert grob würfeln. Eine Zwiebel fein würfeln. Alle Zutaten bis auf den Schnittlauch und die restliche Zwiebel in einen Mixer geben und fein pürieren.
2. Schnittlauch in feine Röllchen schneiden und Zwiebel in Scheiben schneiden.
3. Zum Servieren den Obazda mit Zwiebelringen belegen und mit Schnittlauch bestreuen.

Hafermilch

ZUTATEN FÜR 1 L

80 g zarte Haferflocken
1 l kaltes Wasser
1 Prise Salz
1 EL Agavendicksaft (optional)

1. Haferflocken und das Wasser in einem Hochleistungsmixer mixen.
2. Mischung in einen Nussmilchbeutel oder in ein Küchentuch geben und über einer Schüssel auspressen. Flüssigkeit auffangen.
3. Mit einer Prise Salz und gegebenenfalls Agavendicksaft würzen und gut verrühren.

Nº 19
DYING FOR A GREAT CAUSE CAN NEVER BE
COUNTED AS A FAILURE.
PLANTS OF
Notes:
Collector:
UWO Number:
Date

Veganer Schmelzkäse

ZUTATEN FÜR CIRCA 200 G

2 EL Cashewkerne
2 Karotten
150 ml Wasser
½ TL Suppengewürz
75 ml Kokosmilch mit mindestens 75 % Kokosanteil
40 ml Kokosöl
¼ TL Salz
3 ½ EL Hefeflocken

1. Cashews 45 Minuten in Wasser einweichen, danach abtropfen lassen.
2. Karotte schälen und in Scheiben schneiden.
3. Karotte, Cashews, Suppengewürz, Salz und Wasser in einen Topf geben, aufkochen und dann 2 Minuten köcheln lassen.
4. Kokosmilch zugeben und auf mittlerer Hitze 10 Minuten köcheln lassen.
5. Masse mit Kokosöl und den Hefeflocken in einen Mixer geben und cremig mixen.

Bauernfrühstück

ZUTATEN
FÜR 4 PORTIONEN

800 g Kartoffeln, festkochend
2 Zwiebeln
100 g Räuchertofu
2 EL vegane Butter
Salz
Pfeffer
1 Prise Muskatnuss
½ TL getrockneter Majoran
5 EL Sonnenblumenöl
100 g Cornichons
½ Bund Schnittlauch

1. Kartoffeln am Vortag kochen. Dann die Kartoffeln pellen und in Scheiben schneiden. Zwiebel würfeln und Tofu in feine Würfel schneiden.
2. 2 EL Öl in einer Pfanne erhitzen und die Kartoffeln portionsweise 3–4 Minuten goldbraun anbraten, dann Butter zugeben und weitere 7 Minuten braten. Mit Salz, Pfeffer, Muskatnuss und Majoran abschmecken.
3. Restliches Öl erhitzen und Tofu anbraten, herausnehmen und abtropfen lassen. Tofu unter die Kartoffelscheiben heben.
4. Cornichons in Scheiben und Schnittlauch in Röllchen schneiden.
5. Bauernfrühstück mit Cornichons bestreuen und Schnittlauch garnieren.

No-Chicken-Blumenkohl-Nuggets

ZUTATEN FÜR 4 PORTIONEN

1 Blumenkohl
Öl zum Frittieren
1 TL Knoblauchpulver
¾ TL schwarzer, gemahlener Pfeffer
1 ½ TL Salz
180 g Mehl
100 g Paniermehl

1. Blumenkohl in Röschen teilen.
2. Öl in einem hohen Topf erhitzen (wahlweise kannst du auch eine Fritteuse benutzen).
3. Knoblauchpulver, Pfeffer, Salz und Mehl vermengen, Wasser zugeben und unterrühren, bis ein dickflüssiger Teig entstanden ist.
4. Blumenkohl zuerst im Teig und dann im Paniermehl wenden, anschließend nach und nach goldbraun in dem Fett (auf mittlerer Hitze) ausbacken.

TIPP:
Dazu passt ein Dip aus Sojajoghurt, etwas Zitronensaft, Salz und Pfeffer.

Leberkässemmel

ZUTATEN FÜR 8 PORTIONEN

800 g Tofu, natur
200 ml Hafermilch
12 EL zarte Haferflocken
Sonnenblumenöl
3 TL Tamari-Sojasoße
1 TL Zucker
½ TL Currypulver
1 TL Paprikapulver, edelsüß
4 EL Tomatenmark
1 EL Sojamehl
4 EL Wasser
1 Päckchen frische Hefe
4 TL Gemüsebrühepulver
4 EL Speisestärke
1 TL Meersalz
8 Brötchen
Senf (optional)

1. Backofen auf 180 °C Ober-/Unterhitze vorheizen.
2. Tofu zerbröseln und mit Hafermilch, Haferflocken, 1 EL Sonnenblumenöl, Sojasoße, Zucker, Curry, Paprikapulver und Tomatenmark pürieren.
3. Sojamehl mit dem Wasser verrühren und 5 Minuten quellen lassen.
4. Hefe, Gemüsebrühe, Speisestärke und Salz zugeben und verrühren, dann alles unter die Tofumasse rühren.
5. Eine Kastenform (circa 15 × 25 cm) leicht einfetten und die Teigmasse darin verteilen und glatt streichen. Im Ofen 40 Minuten backen, dann aus der Form stürzen, in 1 cm dicke Scheiben schneiden und in einer Pfanne mit etwas Sonnenblumenöl von beiden Seiten anbraten.
6. Brötchen aufschneiden und mit den Tofuscheiben belegen. Dazu Senf servieren.

Veganer Lachs

**ZUTATEN
FÜR 4 PORTIONEN**

3 große Karotten

Marinade:
1 TL Liquid Smoke
Saft von ½ Zitrone
2 TL Sojasoße
1 EL Apfelessig
2 EL Sonnenblumenöl
¼ TL Meersalz
1 TL Ahornsirup
1 Bund Dill, gehackt

Außerdem:
Vegane Mayonnaise (Rezept siehe Seite 76)
4 Scheiben Brot
Kresse, optional

1. Karotten mit einem Sparschäler in dünne Scheiben schälen und 5 Minuten in kochendem Wasser köcheln lassen, dann abseihen und eiskalt abspülen.
2. Zutaten für die Marinade verrühren und unter die Karottenstreifen mengen.
3. In einem luftdichten Behälter eine Nacht im Kühlschrank durchziehen lassen.
4. Brot mit Mayonnaise bestreichen, Karottenlachs auflegen und mit Dill und/oder Kresse garnieren.

Rote-Bete-Aufstrich

ZUTATEN
FÜR CIRCA 350 G

1 Dose Kichererbsen, 250 g Abtropfgewicht
2 Rote-Bete-Knollen
2 Knoblauchzehen
1 Zitrone
Salz
Pfeffer

1. Kichererbsen abseihen und gut abspülen. Die Rote Bete schälen und putzen. Knoblauch hacken und Zitrone auspressen.
2. Backofen auf 180 °C Ober-/Unterhitze vorheizen, Rote Bete und Knoblauchwürfel auf dem Backblech verteilen und 45 Minuten backen.
3. Rote Bete mit Kichererbsen, Zitronensaft und Knoblauch pürieren. Mit Salz und Pfeffer abschmecken.

Auberginenaufstrich

ZUTATEN
FÜR CIRCA 350 G

200 g Sonnenblumenkerne
100 g Aubergine
5 EL Sonnenblumenöl
3 EL Zitronensaft
50 ml Gemüsebrühe
Salz
Pfeffer

1. Sonnenblumenkerne über Nacht in Wasser quellen lassen, dann abseihen.
2. Backofen auf 180 °C Ober-/Unterhitze vorheizen.
3. Aubergine würfeln, mit 1 EL Öl vermengen und im Ofen 15 Minuten rösten, auskühlen lassen.
4. Aubergine, Sonnenblumenkerne, Zitronensaft und Gemüsebrühe pürieren und mit Salz und Pfeffer abschmecken. Öl nach Bedarf unterrühren, bis die optimale Konsistenz erreicht ist.

Kürbis-Tomaten-Aufstrich

ZUTATEN FÜR CIRCA 400 G

250 g Hokkaido-Kürbis
50 g getrocknete Tomaten
1 Zwiebel
80 g Tellerlinsen
1 EL Sonnenblumenöl
2 EL Tomatenmark
Salz
Pfeffer

1. Hokkaido in Würfel schneiden. Tomaten klein hacken und Zwiebel schälen und würfeln.
2. Kürbiswürfel in Salzwasser 10 Minuten dünsten, dann abseihen. Linsen 15 Minuten in Salzwasser gar kochen, dann abseihen.
3. Sonnenblumenöl erhitzen und Zwiebel und Tomaten 2–3 Minuten anbraten, Tomatenmark unterrühren und abkühlen lassen.
4. Kürbis, Linsen und die Zwiebelmasse in ein Gefäß geben und fein pürieren.
5. Mit Salz und Pfeffer abschmecken.

Eggs Benedict

ZUTATEN FÜR 2 STÜCK

2 Schalotten
1 große Tomate
180 g Tofu
50 ml Sonnenblumenöl
½ TL Paprikapulver, edelsüß
1 TL gemahlener Oregano
1 TL Knoblauchpulver
½ TL Zwiebelpulver
½ TL Salz
80 g frischer Spinat
1 Toastbrötchen

Dazu gehört:

SAUCE HOLLANDAISE

60 g Cashewkerne
Saft von ½ Zitrone
½ TL Salz
½ TL Knoblauchpulver
⅓ TL Kurkuma
1 TL Dijon-Senf

1. Für die Sauce Hollandaise die Cashews für 2 Stunden in Zitronensaft und 125 ml Wasser einlegen, dann abseihen und unter kaltem Wasser abspülen.
2. Dann zusammen mit den restlichen Zutaten für die Hollandaise in einen Blender geben und fein pürieren.
3. Für die Eggs Benedict die Schalotten fein würfeln, die Tomate halbieren, Tofu halbieren und in Streifen schneiden, dann mit einem Küchentuch abtupfen und mit etwas Öl bepinseln und in den Gewürzen wenden.
4. Restliches Öl in einer Pfanne erhitzen, Schalotten zugeben und kurz anschwitzen.
5. Tofustreifen zugeben und 10 Minuten anbraten, dabei wenden.
6. Nach 5 Minuten die Tomatenhälften zugeben und mit frittieren.
7. Spinat mit 2 EL Wasser in eine Pfanne geben und 1 Minute köcheln lassen.
8. Toastbrötchen teilen und toasten, Sauce Hollandaise erwärmen.
9. Toastbrötchen auf zwei Teller verteilen, mit Spinat, Tofu und Tomatenhälften belegen und mit Sauce Hollandaise begießen.

STAUB
STAUB

STAUB

HAUPTSPEISEN

Dieses Kapitel hätte unendlich viele Rezepte haben können, denn die Vielfalt der Heimatküche ist regional und auch durch verschiedene Altersklassen so unterschiedlich, dass es richtig spannend war, Rezepte auszuwählen.

Für mich sind Kartoffeln mit Quark DAS Gericht voller Kindheitserinnerungen.

Ein großer Topf voll dampfender Kartoffeln wurde auf den Tisch gestellt, dazu eine große Schüssel Quark und alle waren ganz glücklich. Ich habe aber auch immer die Kombination aus den warmen Kartoffeln und dem kalten Quark geliebt. Und ein einfaches Kartoffelpüree mit Bratensoße kann mich noch heute in den Genusshimmel beamen.

Für einen Freund aus Berlin ist es die Currywurst, die er jeden Samstagabend als kleiner Steppke von der Oma spendiert bekam. Und da Heimatküche heutzutage auch voller Diversität steckt, habe ich auf Spaghetti Bolognese und auch auf Gyros nicht verzichtet.

Gefüllte Paprika

ZUTATEN FÜR 4 PORTIONEN

50 g Reis
400 g weiße Champignons
1 Zwiebel
1 EL Gemüsebrühe
1 EL Sonnenblumenöl
100 g Kidneybohnen
50 g Mais
400 g passierte Tomaten
2 EL Paprikapulver, edelsüß
1 TL Paprikapulver, rosenscharf
4 Paprika
2 EL Olivenöl

1. Reis nach Packungsanweisung kochen. Champignons hacken und Zwiebel würfeln. Sonnenblumenöl in einer Pfanne erhitzen.
2. Zwiebel und Champignons 10 Minuten anbraten, bis alles schön braun ist.
3. Reis mit Pilzmischung, Kidneybohnen, Mais und Tomaten vermengen und mit Paprikapulver, einer Prise Zucker, Salz und Pfeffer würzen.
4. Backofen auf 180 °C Ober-/Unterhitze vorheizen.
5. Den Deckel der Paprika abschneiden. Kerne entfernen.
6. Füllung in die Paprika geben und in eine Auflaufform geben. Paprika mit dem Olivenöl beträufeln und 20 ml Wasser in die Auflaufform geben.
7. Im Ofen 45 Minuten backen.

STAUB
STAUB

Gefüllte Wirsingkugeln mit Couscous

ZUTATEN
FÜR 4 PORTIONEN

1 großer Wirsing
2 Zwiebeln
1 Bund glatte Petersilie
2 Äpfel
250 g Couscous
1 TL Salz
1 Zitrone
150 g veganer Reibekäse
350 ml Gemüsebrühe
200 ml Soja-Schlagcreme (oder andere vegane Sahnealternative)

1. Backofen auf 220 °C Ober-/Unterhitze vorheizen.
2. Zwiebel würfeln und Petersilie hacken. Äpfel mit Schale grob reiben.
3. Vom Wirsingkopf die Blätter ablösen und nach und nach in kochendem Salzwasser je 2 Minuten blanchieren, dann kurz in kaltes Wasser legen.
4. Die festen Blattrippen flach schneiden und 8 große Blätter zur Seite legen.
5. Restliche Wirsingblätter klein schneiden und zusammen mit den Zwiebelwürfeln in die Auflaufform geben.
6. Couscous und Salz in eine Schüssel geben, geriebene Äpfel dazugeben.
7. Zitronenschale abreiben und Zitrone auspressen, beides unter den Couscous heben.
8. 250 ml kochende Gemüsebrühe zugießen, vermengen und 5 Minuten quellen lassen.
9. Couscous mit einer Gabel auflockern.
10. Petersilie und 100 g Käse unterheben.
11. Je ein Wirsingblatt in eine Suppenkelle legen und mit Couscous füllen, zu einer Kugel formen und in die Auflaufform geben.
12. Restliche Gemüsebrühe und Sahne verrühren, kurz aufkochen, über die Wirsingkugeln gießen und mit dem restlichen Käse bestreuen. Im Ofen 15 Minuten backen.

STAUB
STAUB

Cremige Bauernpfanne

ZUTATEN
FÜR 2 PORTIONEN

400 g Kartoffeln
200 g Zwiebeln
1 rote Paprika
½ Bund Petersilie
1 EL Sonnenblumenöl
250 g frischer Spinat
1 Dose Erbsen und Möhren (circa 200 g)
1 Dose Mais (circa 425 g)
Salz
Pfeffer
150 ml Hafermilch
2 EL veganer Frischkäse

1. Die Kartoffeln schälen, in mundgerechte Stücke schneiden und in heißem Salzwasser weichkochen. Zwiebeln und Paprika würfeln. Petersilie hacken.
2. Öl in einer Pfanne erhitzen und Zwiebelwürfel andünsten.
3. Spinat dazugeben und untermengen. Erbsen, Möhren und Mais abtropfen lassen und unterheben.
4. Kartoffeln abseihen und unterheben, mit Salz und Pfeffer würzen. Alles mit Hafermilch aufgießen und den Frischkäse einrühren. Unter Rühren 5 Minuten einköcheln lassen. Petersilie unterheben.

Paprika-Gulasch

**ZUTATEN
FÜR 4 PORTIONEN**

2 Zwiebeln
2 Knoblauchzehen
1 rote Paprika
4 Cornichons
200 g Räuchertofu
4 EL Rapsöl
2 EL Tomatenmark
2 EL Weizenmehl
250 ml veganer Rotwein
400 g Tomaten, stückig
400 ml Gemüsebrühe
1 Lorbeerblatt
1 TL Paprika, edelsüß
1 TL Paprika, rosenscharf
1 Prise Salz
1 Prise Pfeffer
½ Bund Petersilie

1. Zwiebeln und Knoblauch schälen. Zwiebeln grob würfeln, den Knoblauch fein hacken.
2. Paprika waschen, Stiel und Kerngehäuse entfernen und in feine Streifen schneiden. Cornichons abgießen und klein würfeln.
3. Tofu in Würfel schneiden.
4. 2 EL Rapsöl in einer Pfanne erhitzen und die Tofuwürfel von beiden Seiten scharf anbraten.
5. 2 EL Rapsöl in einem großen Topf erhitzen und Zwiebel und Knoblauch zugeben und anschwitzen.
6. Paprika hinzugeben und 3–4 Minuten mit anbraten.
7. Tomatenmark zugeben, einrühren und 2 Minuten mit anrösten.
8. Mit Mehl bestäuben, gut durchmischen und mit Rotwein ablöschen, dann 5 Minuten köcheln lassen.
9. Stückige Tomaten und Gemüsebrühe zugießen, Lorbeerblatt zugeben. Alles aufkochen lassen, dann abgedeckt bei kleiner Hitze 30 Minuten köcheln lassen. Cornichons unterrühren und weitere 10 Minuten köcheln lassen.
10. Gulasch mit Paprikapulver, Salz und Pfeffer abschmecken. Petersilie hacken und vor dem Servieren über das Gulasch streuen.
11. Dazu passen Nudeln oder Kartoffeln.

Spaghetti Bolognese

ZUTATEN FÜR 4 PORTIONEN

150 g Karotten
2 Zwiebeln
2 Knoblauchzehen
3 EL Olivenöl
40 g Tomatenmark
500 ml Gemüsebrühe
1 Dose stückige Tomaten (circa 400 g)
120 g rote Linsen
1 Prise Zucker
2 TL getrocknete italienische Kräuter
400 g Spaghetti
Salz
Pfeffer
1 kleiner Topf frischer Basilikum

1. Möhren schälen und grob raspeln. Zwiebeln fein würfeln. Knoblauch fein hacken. Olivenöl erhitzen und Zwiebeln zusammen mit dem Knoblauch 2–3 Minuten andünsten.

2. Tomatenmark zugeben, unterrühren und kurz andünsten.

3. Möhren zugeben und 5 Minuten andünsten. Mit der Gemüsebrühe ablöschen und die Tomaten unterrühren.

4. Linsen gut durchwaschen und zugeben. Mit Zucker und Kräutern würzen. Alles aufkochen lassen und 20 Minuten bei mittlerer Hitze köcheln lassen. Ab und zu umrühren. In der Zwischenzeit Spaghetti al dente kochen.

5. Linsen-Bolognese mit Salz und Pfeffer abschmecken und servieren. Mit frischen Basilikumblättchen garnieren und nach Belieben mit veganem Parmesan (Rezept siehe Seite 15) bestreuen.

Reibekuchen

ZUTATEN FÜR 5 STÜCK

700 g Kartoffeln, mehligkochend
1 TL Salz
1 Zwiebel
5 EL Weizenmehl
etwas Pfeffer und Muskatnuss zum Würzen
5 EL Speiseöl

1. Kartoffeln schälen und fein reiben. Salz unterrühren und 5 Minuten ziehen lassen.
2. Zwiebel schälen und fein reiben.
3. Die Kartoffelmasse in ein Mulltuch einwickeln und gut auspressen. Das Wasser in einer Schüssel auffangen. Kartoffelmasse und Zwiebelwürfel mit Pfeffer und Muskatnuss vermengen.
4. Speisestärke mit 5 EL des Kartoffelwassers verrühren und unter die Kartoffelmasse rühren. Aus dem Teig 5 Puffer formen. Öl in eine große Pfanne geben und erhitzen. Puffer von beiden Seiten goldbraun backen.
5. Dazu passt Apfelkompott.

Apfelkompott

ZUTATEN FÜR 4 PORTIONEN

4 Äpfel (Boskop oder Elstar)
1 Zimtstange
100 ml naturtrüber Apfelsaft
1 TL Zimt

1. Äpfel waschen, schälen, entkernen, achteln und in grobe Würfel schneiden.
2. Apfelwürfel mit Zimtstange, Apfelsaft und gemahlenem Zimt in einen Topf geben und aufkochen lassen; dann auf mittlerer Hitze mit geschlossenem Deckel 10 Minuten köcheln lassen. Zimtstange entfernen und auskühlen lassen.

Käsespätzle

ZUTATEN FÜR 2 PORTIONEN

3 Zwiebeln
200 g Mehl + 2 EL Mehl
5 EL Pflanzenöl
Salz
Pfeffer
3 EL Hartweizengrieß
250 ml Sprudelwasser
50 ml pflanzliche Sahne
100 g geriebener veganer Käse
½ Bund Schnittlauch

1. Zwiebeln schälen und in Ringe schneiden. Zwiebelringe in 2 EL Mehl wenden. In einer Pfanne 2 EL Öl erhitzen. Zwiebeln in die Pfanne geben, mit Salz und Pfeffer würzen und die Zwiebeln circa 10–15 Minuten anbraten. Herausnehmen und zur Seite stellen.
2. 200 g Mehl, Hartweizengrieß, 1 EL Pflanzenöl, 2 TL Salz und Sprudelwasser in eine Rührschüssel geben und zu einem glatten Teig verrühren.
3. Einen großen Topf mit leicht gesalzenem Wasser aufkochen lassen, Hitze herunterdrehen.
4. Teig mit einem Spätzleschaber in das siedende Wasser geben.
5. Sobald die Spätzle an der Oberfläche schwimmen, mit einer Schöpfkelle herausnehmen.
6. 2 EL Öl in einer großen Pfanne erhitzen. Abgetropfte Spätzle mit den Zwiebeln in die Pfanne geben. Sahne unterrühren. Käse darüberstreuen und kurz untermengen. Schnittlauch in feine Ringe schneiden.
7. Mit Schnittlauch bestreut servieren.

Semmelknödelauflauf mit Champignon-Rahm-Soße

ZUTATEN FÜR 4 PERSONEN

Semmelknödel:
6 Brötchen vom Vortag
300 ml pflanzliche Milch, lauwarm
1 Zwiebel
100 g Räuchertofu
½ Bund Schnittlauch
½ Bund Petersilie
2 EL vegane Butter
6 EL Kartoffelmehl
½ TL Muskat
Salz, Pfeffer

Champignon-Rahm-Soße:
2 große Karotten
350 g braune Champignons
1 Zwiebel
200 g Räuchertofu
2 TL vegane Butter
100 ml veganer Weißwein
200 ml Gemüsebrühe
400 ml pflanzliche Sahne
1 EL Speisestärke
3 EL Hefeflocken
1 EL Senf
1 TL Muskat
2 TL Paprikapulver, edelsüß
1 TL Zucker
3 TL Thymian
2 TL Zitronensaft
Salz, Pfeffer

1. Brötchen in circa 1 × 1 cm große Würfel schneiden und in eine große Schüssel geben. Pflanzliche Milch kurz erwärmen und zugießen, vermengen und 20 Minuten ruhen lassen.
2. Zwiebel und Tofu fein würfeln. Schnittlauch und Petersilie waschen und fein hacken. Vegane Butter erhitzen und Zwiebelwürfel mit dem Räuchertofu anbraten. Je 2 TL der frischen Kräuter unterrühren.
3. Die Tofumischung unter die Brötchenmasse geben und mit den Händen durchkneten. Kartoffelmehl, Muskat, Salz und Pfeffer zugeben und unterkneten. Teig zu 8 Knödeln formen.
4. Die Knödel vorsichtig in siedendes Wasser geben und circa 10–15 Minuten darin ziehen lassen. Wenn sie vom Topfboden an die Oberfläche steigen, sind sie fertig.
5. Für die Soße Karotten schälen und in kleine Würfel schneiden, Champignons putzen und klein schneiden.
6. Zwiebel fein hacken, Räuchertofu in feine Würfel schneiden. Butter in einer Pfanne erhitzen und Zwiebel- und Tofuwürfel anbraten. Karottenwürfel und Champignons zugeben und 3 Minuten mit anbraten.
7. Mit Weißwein, Gemüsebrühe und Sahne ablöschen. Speisestärke mit 3 EL Wasser verrühren und unterrühren, einmal kurz aufkochen lassen und bei kleiner Hitze weiterköcheln lassen, bis die Soße schön sämig wird.
8. Soße mit Hefeflocken, Senf, Salz, Pfeffer, Muskat, Paprikapulver, Thymian, Zucker und Zitronensaft würzen.
9. Backofen auf 200 °C Ober-/Unterhitze vorheizen.

Außerdem:
100 g veganer Streukäse

10. Knödel in eine Auflaufform geben und die Soße darüber gießen. Veganen Käse darüber streuen.

11. Im Ofen circa 20 Minuten backen lassen, bis der Käse goldbraun ist. Mit gehackter Petersilie und Schnittlauch bestreut servieren.

Zwiebelkuchen

ZUTATEN FÜR 1 BACKBLECH

Teig:

450 g Weizenmehl
220 ml Wasser
50 g vegane Butter
1 Päckchen Trockenhefe
1 Prise Salz
1 Prise Zucker

Belag:

200 g Cashewkerne
1 EL Sonnenblumenöl
1 EL Apfelessig
80 ml Mandeldrink
Salz
Pfeffer
Muskat
800 g Zwiebeln
200 g Räuchertofu
1 EL vegane Butter
250 g veganer Reibekäse

1. Cashewkerne mit Wasser bedecken und 1 Stunde einweichen lassen.
2. Dann abseihen und mit Sonnenblumenöl, Apfelessig, Mandeldrink, Salz und Pfeffer pürieren. Mit Muskatnuss abschmecken.
3. Für den Teig Mehl, Hefe, Zucker und Salz vermengen. Wasser und Butter zugeben und alles zu einem Teig verkneten, dann Teig 30 Minuten ruhen lassen.
4. Teig auf einer bemehlten Arbeitsfläche auf Backblechgröße ausrollen und auf das Backblech legen.
5. Backofen auf 200 °C Ober-/Unterhitze vorheizen.
6. Zwiebeln in Streifen schneiden. Tofu fein würfeln. Butter in einer Pfanne erhitzen und beides anbraten.
7. Cashewcreme auf den Teig verteilen. Zwiebel und Tofu darauf verteilen und mit Reibekäse bestreuen. Im Ofen 30 Minuten backen.

Würstchengulasch

ZUTATEN FÜR 4 PORTIONEN

6 vegane Würstchen (Wiener-Würstchen-Style)
1 Zwiebel
1 Knoblauchzehe
1 rote Paprika
1 Stange Lauch
3 Karotten
1 EL Olivenöl
2 EL Tomatenmark
1 Dose Mais (circa 425 g)
1 TL Paprikapulver, edelsüß
Salz
Pfeffer
2 EL Pflanzenmargarine
4 EL Mehl
300 ml Gemüsebrühe
½ Bund Schnittlauch

1. Würstchen in Stücke schneiden, Zwiebel und Knoblauch klein schneiden. Paprika klein würfeln. Lauch in feine Ringe schneiden. Möhren fein würfeln.
2. Öl in einem Topf erhitzen. Zwiebeln zugeben und 2 Minuten anbraten. Würstchen, Knoblauch, Lauch, Möhren und Paprika zufügen und noch mal für 2 Minuten braten. Tomatenmark einrühren und kurz anrösten. Mais unterrühren und alles mit Paprika, Salz und Pfeffer würzen.
3. Margarine in einen Topf geben und schmelzen lassen. Dann das Mehl hinzufügen und mit einem Schneebesen mit der geschmolzenen Margarine vermischen. Gemüsebrühe nach und nach unterrühren, bis eine dicke Soße entsteht.
4. Soße zur Würstchenmischung geben und 10 Minuten köcheln lassen. Schnittlauch in feine Röllchen schneiden und das Gulasch mit Schnittlauch garniert servieren.

»Kein Hühner-Frikassee«

ZUTATEN FÜR 4 PORTIONEN

Seitan-Hühnchen:

125 g Kichererbsen aus der Dose
1 EL Hefeflocken
5 g Salz
1 TL Knoblauchpulver
1 TL Zwiebelpulver
1 EL Sojasoße
1 EL Tafelessig
1 EL Olivenöl
200 g Seitan

Außerdem:

4 EL Weizenmehl
1 Zwiebel
2 Karotten
100 g weiße Champignons
2 EL vegane Butter
150 ml veganer Weißwein
350 ml Gemüsebrühe
2 Blätter Lorbeer
Pfeffer
Salz
250 ml Hafersahne
100 g Erbsen
1 EL Kapern
1 EL Zitronensaft
¼ Bund frische Petersilie

1. Für das »Hühnchen« alle Zutaten bis auf das Seitan mit 250 ml Wasser pürieren. Seitan zugeben, unterrühren und mindestens 10 Minuten mit den Händen verkneten. Teig 30 Minuten ruhen lassen.
2. Teig halbieren und jedes Teigstück flach andrücken. Teiglinge nach innen falten und rund formen.
3. Teiglinge 45 Minuten bei mittlerer Hitze dämpfen. Dann vollständig auskühlen lassen und in mundgerechte Schnetzel zupfen.
4. Das »Hühnchenfleisch« mit Mehl bestäuben.
5. Zwiebeln fein schneiden, Karotten würfeln und Champignons vierteln.
6. Vegane Butter erhitzen, das »Hühnchen« 3 Minuten bei mittlerer Hitze anschwitzen.
7. Zwiebeln, Karotten und Champignons zugeben und 1 Minute anschwitzen. Mit Weißwein und Brühe ablöschen.
8. Lorbeer zugeben und mit Pfeffer und Salz würzen. 15 Minuten köcheln lassen, ab und zu umrühren.
9. Hafersahne, Erbsen, Kapern und Zitronensaft unterrühren, 5 Minuten bei mittlerer Hitze einköcheln. Petersilie fein hacken und über das Frikassee geben.
10. Dazu passt am besten Reis.

Gyros

ZUTATEN FÜR 4 PORTIONEN

400 g Kichererbsen aus der Dose
280 g Seitan
160 g Mehl
8 g Salz
250 ml Wasser
4 TL Gyros-Gewürzmischung (siehe Tipp)
1 ½ l Gemüsebrühe
4 Knoblauchzehen
3 Schalotten
4 EL Olivenöl
Saft von ½ Zitrone
Salz
Pfeffer

1. Kichererbsen abtropfen lassen, dann pürieren. Kichererbsen zusammen mit dem Seitan, Mehl, Salz, Wasser und Gewürzen vermengen und alles in einer Küchenmaschine pürieren. Zu einem Teig kneten.
2. Teig halbieren und daraus zwei dicke Stränge formen.
3. Gemüsebrühe zum Kochen bringen und die Teigstränge 40 Minuten in der Gemüsebrühe kochen lassen, dann herausnehmen und vollständig abkühlen lassen.
4. Knoblauch fein hacken, Schalotten würfeln.
5. Mit einem scharfen Messer das »Gyrosfleisch« in feine Streifen schneiden und mit 4 EL Olivenöl, den Zwiebel- und Knoblauchwürfeln und dem Zitronensaft vermengen und gegebenenfalls mit Salz und Pfeffer nachwürzen, dann 30 Minuten ruhen lassen.
6. Mischung in eine große Pfanne geben und das »Gyros« knusprig anbraten.
7. Dazu passen Pommes, Fladenbrot und vegane Dips.

TIPP: Wer sich seine Gyros-Gewürzmischung selbst zusammenstellen will, der kann das ganz einfach machen: Je 2 TL Majoran, Zucker, Zwiebelpulver, Knoblauchpulver, gemahlenen Rosmarin und Korianderpulver mit 6 TL Oregano, 4 TL Thymian, 3 TL Salz, 3 TL schwarzem Pfeffer, 3 TL mildem Paprikapulver, 1 TL Kreuzkümmel und ½ TL Chilipulver vermengen.

Vegane Currywurst

ZUTATEN FÜR 2 PORTIONEN

2 vegane Bratwürste
2 Knoblauchzehen
2 rote Zwiebeln
60 g Tomatenmark
1 TL Agavendicksaft
150 ml Orangensaft
1 EL Sonnenblumenöl
1 TL Chilipulver
2 TL Paprikapulver, edelsüß
½ TL Salz
2 TL Currypulver
etwas Currypulver zum Bestäuben

1. Für die Currysoße Knoblauch und Zwiebeln fein würfeln.
2. 1 EL Öl in einer beschichteten Pfanne erhitzen und die Knoblauch- sowie Zwiebelstücke darin für circa 3 Minuten glasig dünsten. Dann das Tomatenmark und den Agavendicksaft zugeben, 2 Minuten mit anbraten, dann mit Orangensaft ablöschen.
3. Alles verrühren und für ein paar Minuten einkochen lassen. Mit Chili, Paprikapulver, Salz und Currypulver würzen.
4. Bratwürstchen je nach Wunsch grillen oder in einer Pfanne mit etwas Öl braten.
5. Bratwürstchen mit der Currysoße servieren und mit Currypulver bestäuben.
6. Dazu passen Pommes und Mayonnaise.

Vegane Mayonnaise

ZUTATEN FÜR 1 GLAS MAYONNAISE

125 ml ungesüßten Sojadrink
1 TL Senf
1 EL Zitronensaft
125 ml Sonnenblumenöl
Pfeffer
Salz

1. Sojadrink, Senf und Zitronensaft mit einem Pürierstab kräftig vermixen. Bei laufendem Mixer das Öl langsam zugießen. Mit Salz und Pfeffer würzen.
2. Wer mag, kann noch etwas Zucker und/oder Essig unterrühren.

Kartoffelpüree mit Bratensoße

ZUTATEN
FÜR 4 PORTIONEN

Soße:
1 Zwiebel
1 Knoblauchzehe
1 Karotte
¼ Knollensellerie
150 g Champignons
2 EL Sonnenblumenöl
2 Zweige Thymian
1 EL Tomatenmark
150 ml Rotwein
1 l Gemüsebrühe
1 TL Wacholderbeeren
2 Lorbeerblätter

Kartoffelpüree:
800 g Kartoffeln, mehligkochend
250 g Hafersahne
2 TL Gemüsebrühe
50 g vegane Butter
1 Prise Muskat
Salz
Pfeffer
½ Bund frische Petersilie

1. Für die Soße die Zwiebeln und Knoblauch fein hacken. Karotten und Sellerie in kleine Würfel schneiden. Champignons putzen und in Scheiben scheiden.
2. Sonnenblumenöl in einem Topf erhitzen und Zwiebel und Knoblauch anschwitzen. Karotten, Sellerie und Thymian dazugeben und 2 Minuten anbraten. Pilze zugeben und anbraten.
3. Tomatenmark zugeben und 1 Minute mit anrösten. Mit Rotwein ablöschen und 10 Minuten einkochen lassen.
4. Mit Brühe aufgießen, Gewürze hinzugeben und 30 Minuten köcheln lassen.
5. Mit Salz und Pfeffer abschmecken.
6. Für das Püree die Kartoffeln waschen und in einen Topf geben. Kartoffeln mit kaltem Wasser bedecken. 2 TL Salz zugeben und zum Kochen bringen. 25–30 Minuten kochen lassen.
7. Abseihen, abschrecken und pellen. In einen Topf die Hafersahne erhitzen. Gemüsebrühe unterrühren.
8. Die noch heißen Pellkartoffeln in den Topf zu der Sahne geben und mit einem Kartoffelstampfer zerstampfen.
9. Gut umrühren. Butter und eine kleine Prise Muskat zufügen.
10. Umrühren und mit Salz und Pfeffer abschmecken. Petersilie hacken und darüber streuen.

Pellkartoffeln mit Quark

ZUTATEN
FÜR 4 PORTIONEN

1 ½ kg Kartoffeln, vorwiegend festkochend
2 EL Kümmelsaat
2 Lorbeerblätter
750 g veganer Quark
2 EL Leinöl
Salz
Pfeffer
1 Bund glatte Petersilie
1 Bund Schnittlauch
½ Bund Dill
2 Lauchzwiebeln

1. Kartoffeln putzen, mit Lorbeer und Kümmel in einen Topf geben und mit kaltem Wasser aufgießen. 25 Minuten garen.
2. Quark mit Leinöl, Salz und Pfeffer verrühren.
3. Petersilie und Dill hacken, Schnittlauch in Röllchen und die Lauchzwiebeln in feine Ringe schneiden. Alles mit dem Quark vermengen.

Bayrisch Kraut

ZUTATEN FÜR 4 PORTIONEN

1 kg Weißkohl
1 Zwiebel
150 g Räuchertofu
2 EL Sonnenblumenöl
2 TL Zucker
300 ml Gemüsebrühe
2 EL Apfelessig
2 TL Kümmel
2 TL Salz
½ TL schwarzer Pfeffer, grob gemahlen
1 TL Speisestärke

1. Kohlkopf vierteln und hobeln.
2. Zwiebel häuten und zusammen mit dem Räuchertofu würfeln.
3. Öl in einen heißen Topf geben und Zwiebel- und Räuchertofuwürfel 5 Minuten bei mittlerer Hitze anbraten.
4. Weißkohl und Zucker zugeben und unter Rühren 5 Minuten schmoren.
5. Mit Gemüsebrühe und Apfelessig ablöschen und mit Kümmel, Salz und Pfeffer würzen.
6. Mit geschlossenem Deckel 45 Minuten schmoren lassen. Speisestärke mit 3 EL Wasser verrühren und unter das Kraut rühren.

Maultaschen

ZUTATEN FÜR 4 PORTIONEN

Brühe:

- 1 ½ l Gemüsebrühe
- 1 Prise Salz
- 1 Prise Pfeffer
- ½ Bund Petersilie
- 1 EL Majoran

Füllung:

- 200 g Kartoffeln, mehlig kochend
- 200 g Spinat
- 200 g braune Champignons
- ½ Bund Petersilie
- 1 Zwiebel
- 1 Knoblauchzehe
- 1 EL Margarine
- 1 EL Rapsöl
- ½ TL Salz
- 1 Prise Pfeffer
- 1 Prise Muskatnuss

Maultaschenteig:

- 200 g Weizenmehl (Type 550)
- 200 g Hartweizengrieß
- 1 TL Salz
- 2 EL Olivenöl

1. Für den Teig Mehl, Hartweizengrieß und Salz in eine Schüssel geben und vermengen.
2. Olivenöl und 160 ml Wasser dazugeben, 10 Minuten zu einem Teig verkneten und zu einer Kugel formen. Teigkugel für 1 Stunde im Kühlschrank kaltstellen.
3. In der Zwischenzeit für die Füllung Kartoffeln schälen und in einem Topf mit Salzwasser circa 20–25 Minuten gar kochen.
4. Spinat waschen, Champignons putzen und in kleine Stücke schneiden.
5. Petersilie fein hacken. Zwiebel und Knoblauch häuten und fein hacken.
6. Kartoffeln abgießen, Margarine zugeben und mit einem Kartoffelstampfer fein stampfen.
7. Öl in einer beschichteten Pfanne erhitzen. Zwiebel und Knoblauch für 2 Minuten anschwitzen.
8. Champignons und Spinat hinzugeben und weitere 5 Minuten anschwitzen.
9. Gemüsemischung mit der Hälfte der Petersilie zu den Kartoffeln geben und gut miteinander vermengen. Mit Salz, Pfeffer und Muskat abschmecken.
10. Maultaschenteig nochmals durchkneten und auf einer bemehlten Arbeitsfläche dünn ausrollen. Rechtecke von 6 × 12 cm ausschneiden.
11. Ränder leicht mit Wasser befeuchten. Jeweils 1 EL der Füllung auf die eine Hälfte der Teigrechtecke setzen, zusammenklappen und gut andrücken.
12. Gemüsebrühe aufkochen lassen. Restliche Petersilie zugeben.

13. Maultaschen in die kochende Brühe geben, Hitze auf kleine Stufe reduzieren und für 10 Minuten ziehen lassen, bis die Maultaschen an der Oberfläche schwimmen.

14. Maultaschen mit einer Schaumkelle auf Suppenteller verteilen, mit heißer Brühe übergießen und servieren.

PFLANZLICHE SCHNITZEL

Schnitzel in allen Variationen ist Heimat pur.
Dazu Pommes und eine tolle Soße!
Fertig ist das Kindheitsessen.

Und bei so vielen regionalen Schnitzelunterschieden gibt es natürlich auch in der veganen Welt eine Menge an unterschiedlichen Schnitzelvarianten, die ihr unbedingt ausprobieren müsst.

Schnitzel – der Klassiker

ZUTATEN
FÜR 4 PORTIONEN

4 große Sojaschnitzel oder 12 kleine Sojamedaillons
500 ml Gemüsebrühe
1 TL Salz
1 TL Pfeffer
1 TL Paprikapulver, edelsüß
3 EL Senf
150 g Mehl
200 ml Sojadrink
250 g Semmelbrösel
Sonnenblumenöl
1 Zitrone

1. Sojaschnitzel mit heißer Gemüsebrühe übergießen und 10 Minuten ruhen lassen, dann kräftig ausdrücken und mit Salz, Pfeffer und Paprika würzen und mit Senf einreiben.
2. Dann die Schnitzel im Mehl wenden, anschließend durch die Sojamilch ziehen und als letzten Schritt in den Semmelbröseln wenden.
3. Sonnenblumenöl (circa 1 cm hoch) in einer Pfanne erhitzen und die Schnitzel von beiden Seiten goldbraun anbraten. Zitrone auspressen und den Saft über die gebratenen Schnitzel geben.
4. Zu allen Schnitzelrezepten passt selbst gemachtes Kartoffelpüree. Das Rezept dafür findest du auf Seite 78.

Wiener Schnitzel

ZUTATEN FÜR 4 PORTIONEN

220 g Seitan
30 g Kichererbsenmehl
10 g Zwiebelpulver
1 TL Knoblauchpulver
15 g Hefeflocken
2 ½ TL Salz
Rapsöl
30 g Apfelessig
25 g vegane Worcestershiresoße
3 g Liquid Smoke
75 ml Wasser mit viel Kohlensäure
75 g Weizenmehl
50 ml Hafersahne
200 g Semmelbrösel

1. Seitan mit Kichererbsenmehl, Zwiebelpulver, Knoblauchpulver, Hefeflocken, ½ TL Salz vermengen und mit 270 ml Wasser verrühren. Dann 25 g Rapsöl, Apfelessig, Worcestershiresoße, Liquid Smoke und Wasser mit Kohlensäure zugeben und 5 Minuten verkneten.
2. Teig 5 Minuten ruhen lassen, in 4 Teile teilen und 5 mm dick ausrollen.
3. Im Topf mit Dämpfaufsatz oder im Dampfbackofen bei 100 °C 15–20 Minuten dämpfen.
4. Etwas abkühlen lassen.
5. Schnitzel mit dem restlichen Salz würzen, in Mehl wenden, durch die Hafersahne ziehen und anschließend in den Semmelbröseln wenden.
6. Rapsöl 2 cm hoch in einer Pfanne erhitzen und die Schnitzel nacheinander circa 8 Minuten goldbraun braten.

Tofu-Schnitzel

ZUTATEN
FÜR 2 PORTIONEN

350 g Tofu, Natur
4 Knoblauchzehen
2 EL Tomatenmark
1 EL Dijon-Senf
1 EL Ahornsirup
1 EL Sojasoße
1 EL Wasser
¼ TL Pfeffer
60 g Paniermehl
2 EL Sonnenblumenöl

1. Tofu längs halbieren und mit einem Küchentuch vorsichtig ausdrücken.
2. Knoblauchzehen schälen und fein reiben. Knoblauch, Tomatenmark, Senf, Ahornsirup, Sojasoße, Wasser und Pfeffer verrühren. Tofuscheiben darin wenden und 30 Minuten ziehen lassen.
3. Tofu in Paniermehl wenden. Öl in einer Pfanne erhitzen und den Tofu von beiden Seiten anbraten.

Blumenkohl-Schnitzel

ZUTATEN FÜR 2 PORTIONEN

1 Blumenkohl
2 EL Kichererbsenmehl
1 TL Paprikapulver, edelsüß
2 EL Semmelbrösel
2 EL Panko (japanisches Paniermehl aus Brotkrumen)
½ TL Salz
1 TL Hefeflocken
1 EL Teriyaki-Soße
2 EL Sojasahne
2 EL Sonnenblumenöl

1. Blumenkohl mittig halbieren und von beiden Seiten der Länge nach circa 2 cm dicke Scheiben herausschneiden.
2. Strunk heraustrennen.
3. Salzwasser in einem Topf aufkochen und die Blumenkohlscheiben 5 Minuten blanchieren, abseihen und mit kaltem Wasser abschrecken. Abtropfen lassen.
4. Kichererbsenmehl und Paprikapulver vermengen.
5. Semmelbrösel, Panko, Salz und Hefeflocken vermengen.
6. Teriyaki und Sojasahne verrühren.
7. Blumenkohlscheiben erst in der Kichererbsenmehlmischung wenden, dann in die Teriyaki-Marinade tauchen und als letzten Schritt in der Semmelbröselmischung wenden.
8. Öl in einer Pfanne erhitzen und die Schnitzel von beiden Seiten je 3 Minuten anbraten.

Kohlrabi-Schnitzel

ZUTATEN FÜR 2 PORTIONEN

2 Kohlrabi
Salz
Pfeffer
100 g Semmelbrösel
½ TL Paprikapulver, edelsüß
4 EL Mehl
50 ml Hafermilch
5 EL Sonnenblumenöl

1. Kohlrabi schälen und in circa 1 cm dünne Scheiben schneiden. Von allen Seiten mit Salz und Pfeffer würzen.
2. Semmelbrösel mit Paprikapulver vermengen.
3. Kohlrabischeiben erst in Mehl wenden, dann in die Hafermilch tauchen und abschließend in den Semmelbröseln wenden.
4. Öl in einer Pfanne erhitzen und Schnitzel von beiden Seiten circa 5 Minuten goldbraun braten.

Jägerschnitzel-Soße

ZUTATEN FÜR 2 PORTIONEN

1 Zwiebel
200 g braune Champignons
1 EL Olivenöl
100 ml Mandeldrink, ungesüßt
1 EL Weizenmehl
Salz
Pfeffer

1. Zwiebel würfeln, Champignons in Scheiben schneiden.
2. Olivenöl in einer Pfanne erhitzen. Zwiebelwürfel und Champignonscheiben darin anschwitzen.
3. Mit Mandeldrink ablöschen. Mehl einrühren und unter Rühren aufkochen lassen. Mit Salz und Pfeffer würzen.

Le Parfait

Paprikasoße ungarische Art

ZUTATEN FÜR 2 PORTIONEN

1 Zwiebel
2 Paprika
2 Essiggurken
4 EL Tomatenmark
1 EL geschmacksneutrales Öl (zum Beispiel Rapsöl)
250 ml Gemüsebrühe
50 ml Rotwein
1 EL Weißweinessig
2 EL Sojasoße
2 EL Zucker
1 TL Paprikapulver, edelsüß
Salz
Pfeffer

1. Zwiebel, Paprika und die Gurken in kleine Würfel schneiden.
2. Öl erhitzen und die Zwiebel und die Paprika 3 Minuten bei mittlerer Hitze anbraten.
3. Das Tomatenmark hinzufügen und circa 1 Minute mit anrösten. Mit Gemüsebrühe und Rotwein ablöschen und gut verrühren.
4. Gurken, Essig, Sojasoße, Zucker und Paprikapulver hinzufügen und bei geringer Hitze circa 15 Minuten köcheln lassen. Mit Salz und Pfeffer abschmecken.

SÜSSES

Die meisten Desserts schmecken mir in der veganen Zubereitung besser, denn Mandelmilch oder Kokosmilch haben so einen tollen Eigengeschmack, dass man gar keine tierische Milch braucht. Das mag die Kuh. Nehmt zur Eisherstellung keine Sahne oder Milch, sondern Mandelmilch oder für eine Karamellsoße Kokosmilch. Das hat Suchtpotenzial.

Grießbrei und Milchreis: Das sind Kindheitserinnerungen pur. Meine Schwester und ich haben tellerweise Grießbrei und Milchreis verdrückt. Das sind Teller voller Gemütlichkeit.

Milchreis

ZUTATEN FÜR 4 PORTIONEN

750 ml Hafermilch
1 TL Vanilleextrakt
1 Prise Salz
200 g Milchreis
150 ml vegane Sahne
1 TL Zimt
5 EL Zucker

1. Hafermilch mit Vanilleextrakt und Salz in einen Topf geben und aufkochen lassen.
2. Milchreis zugeben und zugedeckt bei kleiner Hitze 25 Minuten köcheln lassen.
3. Ab und zu umrühren.
4. Topf vom Herd nehmen, 3 EL Zucker und Sahne unterrühren.
5. Mit restlichem Zucker und Zimt bestreuen.

Arme Ritter

ZUTATEN FÜR 8 PORTIONEN

2 reife Bananen
1 l Hafermilch
2 Päckchen Vanillezucker
600 g Mehl
4 TL Backpulver
2 TL Zimt
16 Scheiben Toastbrot
Sonnenblumenöl zum Anbraten
Zucker zum Bestreuen

1. Bananen zerdrücken und mit Hafermilch und Vanillezucker verquirlen. Mehl, Backpulver und 1 TL Zimt unterrühren.
2. Öl in einer beschichteten Pfanne erhitzen.
3. Toast in den Teig tunken und von beiden Seiten ausbacken. Noch warm mit restlichem Zimt und Zucker bestreuen.

TIPP: **Dazu schmeckt jede Art von Kompott. Probier doch mal dein eigenes leckeres Apfelkompott mit dem Rezept von Seite 62.**

Apfelpfannkuchen

**ZUTATEN
FÜR 6 PORTIONEN**

2 EL Kokosöl
300 g Weizenmehl
1 TL Backpulver
3 EL brauner Zucker
1 TL gemahlene Leinsamen
1 Prise Salz
300 ml Mandeldrink
2 TL Zitronensaft
300 ml Mineralwasser (mit Kohlensäure)
1 TL Vanilleextrakt
3 Äpfel
4 EL Sonnenblumenöl
1 TL Zimt
50 g Zucker

1. Kokosöl schmelzen. Mehl, Backpulver, Zucker, Leinsamen und Salz vermengen.
2. Sprudelwasser, Mandelmilch, Kokosöl, 1 TL Zitronensaft und Vanilleextrakt hinzugeben.
3. Den Teig mit einem Schneebesen verrühren.
4. Äpfel schälen, vierteln, entkernen und in dünne Scheiben schneiden. Mit 1 TL Zitronensaft vermengen. Apfelscheiben unter den Teig heben.
5. In einer großen beschichteten Pfanne das Öl erhitzen. $\frac{1}{6}$ des Teigs in die Pfanne (Ø 23 cm geben und bei mittlerer Hitze 3–4 Minuten goldbraun backen, wenden und nochmals 3–4 Minuten backen.
6. Vor dem Servieren mit Zucker und Zimt bestreuen.

Streusel-Apfelkuchen

ZUTATEN FÜR 1 SPRINGFORM (Ø 26 CM)

300 g Mehl
250 g Zucker
½ TL Zimt
1 Prise Salz
180 g pflanzliche Margarine, kalt
1,2 kg Äpfel
½ Zitrone
2 EL Speisestärke
1 Päckchen Vanillezucker
Puderzucker zum Bestäuben

1. Mehl mit 200 g Zucker, Zimt und Salz in einer Schüssel verrühren.
2. Pflanzenmargarine zugeben und zu einem glatten Teig verkneten, in Folie wickeln und für 30 Minuten in den Kühlschrank geben.
3. Zitrone auspressen. Äpfel schälen, halbieren, vierteln, entkernen und in 2–3 cm große Stücke schneiden.
4. Apfelwürfel mit Zitronensaft vermengen.
5. Restlichen Zucker in einem Topf karamellisieren lassen. Apfelwürfel und 100 ml Wasser zugeben und 4 Minuten köcheln lassen.
6. Stärke mit Vanillezucker und 2 EL Wasser glatt rühren und unterrühren. Unter Rühren eindicken lassen.
7. Backofen auf 180 °C Ober-/Unterhitze vorheizen. Springform einfetten.
8. ⅔ des Teiges in die gefettete Form geben und festdrücken, dabei einen circa 3 cm hohen Rand formen.
9. Apfelmasse darauf verstreichen.
10. Aus dem restlichen Teig Streusel zupfen und auf der Apfelmasse verteilen.
11. Kuchen im Ofen circa 55 Minuten backen. Auf einem Kuchengitter auskühlen lassen. Vor dem Servieren mit Puderzucker bestäuben.

Germknödel mit Vanillesoße und Mohn

ZUTATEN FÜR 6 STÜCK

200 ml Hafermilch
20 g frische Hefe
400 g Mehl
2 EL Zucker
1 Prise Salz
50 g pflanzliche Butter, Zimmertemperatur
6 TL Pflaumenmus
40 g Puderzucker
3 EL gemahlener Mohn
300 ml Vanillesoße

1. Milch erwärmen, Hefe zugeben und unter Rühren auflösen.
2. Mehl, Zucker und Salz vermengen. Butter und Hefemischung zugeben und mit dem Knethaken der Küchenmaschine zu einem glatten Teig verkneten. Abgedeckt an einen warmen Ort 1 Stunde gehen lassen.
3. Teig auf einer bemehlten Arbeitsfläche in 6 Stücke teilen, dabei jedes Stück zu einem runden Fladen formen, einen Teelöffel Pflaumenmus in die Mitte geben und Teig über die Füllung verschließen. Teig zu einer Kugel formen und 15 Minuten gehen lassen.
4. Wasser in einem großen Topf zum Kochen bringen. Knödel mit der verschlossenen Seite nach unten auf einen Dampfgareinsatz oder ein Sieb legen und auf den Topf stellen. Knödel abgedeckt nach und nach bei mittlerer Hitze 15 Minuten dämpfen.
5. Fertige Germknödel mit Puderzucker und Mohn bestäuben und mit Vanillesoße übergießen.

Vegane Vanillesoße

ZUTATEN FÜR 300 ML MANDELDRINK

10 g Speisestärke
20 g Zucker
1 Prise Salz
1 TL Vanilleextrakt

1. 100 ml Milch mit der Stärke verrühren. Restliche Milch mit Zucker, Salz und Vanilleextrakt aufkochen.
2. Stärkemischung dazugeben und unter Rühren 1 Minute köcheln lassen.

TIPP: Wer eine besonders schön gelbe Vanillesoße wünscht, kann 1 Prise Kurkuma mit unter die Soße rühren.

Banana-Split

ZUTATEN FÜR 4 PORTIONEN

100 g Zartbitterschokolade
500 ml vegane Schlagsahne
4 EL Mandelblättchen
4 Bananen
8 Kugeln veganes Vanilleeis

1. Schokolade grob hacken.
2. 100 ml Sahne in einem Topf erwärmen, Schokolade zugeben und verrühren, bis diese geschmolzen ist, abkühlen lassen.
3. Mandelblättchen in einer Pfanne ohne Fettzugabe rösten, dann zur Seite stellen.
4. Restliche Sahne steif schlagen und in einen Spritzbeutel mit Sterntülle füllen.
5. Bananen längs halbieren und in eine Dessertschale geben.
6. Sahne darauf verteilen. Je 2 Eiskugeln daneben setzen, mit Schokoladensoße begießen und mit Mandelblättchen bestreuen.

AVEC CE NUMÉRO
"La Petite Illustration"
CONTENANT
L'HOMME A L'HISPANO
Roman, par PIERRE FRONDAIE
(TROISIÈME PARTIE)

Kaiserschmarrn

ZUTATEN
FÜR 2 PORTIONEN

200 ml Sojadrink mit Vanillegeschmack
140 g Mehl
80 ml Mineralwasser
30 g brauner Zucker
1 EL Apfelessig
1 EL Backpulver
1 Prise Salz
2 EL Margarine zum Ausbacken
Puderzucker zum Bestäuben

1. Alle Zutaten für den Schmarrn zu einem glatten Teig verrühren.
2. Margarine in einer Pfanne erhitzen, Teig eingießen und stocken lassen. Teig in 4 Teile teilen und wenden.
3. Teig mit einer Gabel zerreißen und goldbraun backen. Vor dem Servieren mit Puderzucker bestäuben.

Grießbrei mit Kirschen

ZUTATEN FÜR 4 PORTIONEN

1 Glas Kirschen (circa 750 ml)
1 Päckchen Vanillezucker
1 l Hafermilch
1 TL Margarine
4 EL Zucker
1 Prise Salz
120 g Weichweizengrieß

1. Kirschen abseihen und Saft auffangen. Saft mit Vanillezucker, Zimt und Zitronensaft zum Kochen bringen und 1 Minute köcheln lassen. Kirschen zugeben und unterrühren, dann abkühlen lassen.
2. Haferdrink mit Margarine in einem Topf zum Kochen bringen, Weizengrieß einrühren und unter Rühren kurz aufkochen lassen, dann auf kleinster Stufe 3 Minuten quellen lassen. Zucker und Salz unterrühren. Noch warm mit den Kirschen servieren.

Collector:
DYING FOR A GREAT CAUSE CAN NEVER BE COUNTED AS A FAILURE.
PLANTS OF
UWO Number:
Date

Gefüllte Berliner

ZUTATEN FÜR 12 STÜCK

200 ml Hafermilch
20 g frische Hefe
400 g Mehl
40 g Zucker
65 g vegane Butter, Zimmertemperatur
1 l Frittieröl
200 g Himbeermarmelade ohne Kerne (oder andere Lieblingsmarmelade)
Puderzucker zum Bestäuben

1. Milch lauwarm erwärmen und die Hefe darin auflösen. 1 TL Zucker und 1 TL Mehl zugeben und leicht verrühren. An einem warmen Ort 15 Minuten gehen lassen.
2. Restliches Mehl, Zucker und Butter zugeben und zu einem Teig verkneten.
3. Abgedeckt an einem warmen Ort 1 Stunde gehen lassen.
4. Teig auf der leicht bemehlten Arbeitsfläche gut durchkneten, dann in 12 Stücke teilen. Jedes Stück zu einer Kugel formen.
5. Kugeln mit Abstand auf ein bemehltes Brett oder Backblech setzen und 40 Minuten gehen lassen.
6. Öl in einen großen Topf geben und auf 170 °C erhitzen. Berliner nach und nach in das Öl geben, 2 Minuten frittieren, wenden und weitere 2 Minuten frittieren. Mit einer Schaumkelle herausnehmen und auf Küchenpapier abtropfen lassen.
7. Marmelade in einen Spritzbeutel mit Berliner-Tülle geben und in die Mitte der Berliner spritzen. Mit Puderzucker bestäuben.

Omas Apfelstrudel

ZUTATEN FÜR 1 STRUDEL

200 g Mehl
5 EL Wasser
4 EL Sonnenblumenöl
1 Prise Salz
1 ½ kg Äpfel
50 g Rosinen
1 TL Zimt
50 g Zucker
40 g vegane Butter, weich
50 g Semmelbrösel
Puderzucker zum Bestäuben

1. Mehl, Wasser, 3 EL Öl und Salz durchkneten, bis der Teig elastisch wird, dann 30 Minuten ruhen lassen.
2. In der Zwischenzeit Äpfel schälen, entkernen und würfeln. Mit Rosinen, Zimt und Zucker vermengen.
3. Ein sauberes Küchentuch auslegen und mit Mehl bestreuen. Den Strudelteig darauf geben und zu einem großen Rechteck ausrollen. Der Teig sollte so dünn sein, dass man das Küchentuch durchscheinen sieht.
4. Teig mit 20 g der weichen Butter einpinseln, dabei einen Rand von 5 cm lassen. Semmelbrösel darauf verteilen. Füllung darauf verteilen.
5. Die Ränder des Teigs nach innen über die Füllung klappen. Nun den Strudel von unten mithilfe des Küchentuchs aufrollen.
6. Backofen auf 200 °C Ober-/Unterhitze vorheizen. Strudel auf ein mit Backpapier ausgelegtes Backblech legen und mit der restlichen Butter einpinseln. Oberfläche mit einem scharfen Messer alle 5 cm einschneiden.
7. Im Ofen 30–35 Minuten backen. Vor dem Servieren mit Puderzucker bestäuben.

SUPPEN UND EINTÖPFE

Seelenwärmer oder Heimat in der Suppenschüssel.
So manche Suppe und so mancher Eintopf aus der Heimat haben mich an kalten Tagen gewärmt und die Erkältungszeit erträglicher gemacht.

Ich bekomme sofort Lust auf lange Spaziergänge im Herbst und Lust, mit den Hunden im Schnee zu toben. Und das nur, um anschließend die wohlige Wärme der heißen Suppen und Eintöpfe zu genießen.

Die Hack-Lauch-Suppe ist hier mein Favorit. Die gibt es sogar das ganze Jahr über. Da kochen wir sie etwas dicker ein und servieren sie als Nudelsoße zu Bandnudeln.

Bohneneintopf

ZUTATEN FÜR 4 PORTIONEN

1 große Zwiebel
100 g Karotten
100 g Stangensellerie
2 EL Sonnenblumenöl
5 Knoblauchzehen
150 g gehackte Tomaten aus der Dose
2 EL Tomatenmark
4 vegane Bratwürste (Schinken-Bratwurst)
1 ½ TL Salz
1 TL Zucker
3 Lorbeerblätter
½ Zweig Thymian
½ TL Chiliflocken
½ TL schwarzer Pfeffer
2 EL Rotweinessig
500 g gekochte weiße Bohnen
250 ml Gemüsebrühe
½ Bund Petersilie

1. Zwiebel, Karotte und Sellerie klein würfeln.
2. Backofen auf 200 °C Oberhitze vorheizen.
3. Öl in einen heißen ofenfesten Topf geben und die Bratwurst bei mittlerer Hitze von allen Seiten scharf anbraten, dann aus dem Topf nehmen.
4. Zwiebel, Karotte und Sellerie in den Topf geben, mit Salz und Zucker würzen und bei mittlerer Hitze 8 Minuten rösten, bis das Gemüse gebräunt ist.
5. Knoblauch fein hacken.
6. Tomaten, Knoblauch und Tomatenmark zum Gemüse geben und 2 Minuten rösten.
7. Lorbeer, Thymian, Chili, Pfeffer, Essig und Bohnen dazugeben und mit Gemüsebrühe ablöschen.
8. Gut umrühren und kurz aufkochen.
9. Wurst auf den Eintopf verteilen und mit geschlossenem Deckel 30 Minuten im Ofen schmoren lassen.
10. Petersilie hacken und vor dem Servieren über den Eintopf streuen.

Omas Wursteintopf

ZUTATEN FÜR 4 PORTIONEN

4 vegane Würstchen (Wiener-Würstchen-Style)
1 Zwiebel
750 g Karotten
4 Kartoffeln
2 EL Öl
2 l Gemüsebrühe
100 g Sojajoghurt (ungesüßt)
1 Prise Muskatnuss
Salz
Pfeffer

1. Würstchen in Scheiben schneiden. Zwiebel schälen und würfeln. Kartoffeln und Karotten schälen und in Würfel schneiden.
2. Öl in einem Kochtopf erhitzen und die Zwiebel glasig dünsten. Kartoffeln und Karotten hinzugeben und mit Gemüsebrühe auffüllen.
3. Würstchen zugeben und 15 Minuten köcheln lassen. Sojajoghurt unterrühren und alles mit Muskatnuss, Salz und Pfeffer abschmecken.

TIPP: Meine Oma hat früher natürlich Saure Sahne anstelle von Joghurt genommen. Ich finde, dass Sojajoghurt den typischen sauren Geschmack hat. Du kannst als Saure Sahne aber auch veganen Frischkäse, den du mit etwas veganem Joghurt verrührst, verwenden. Einige Frischkäsesorten sind nämlich reich an Milchsäure.

Erbsensuppe

ZUTATEN FÜR 4 PORTIONEN

250 g Erbsen
2 Zwiebeln
4 Kartoffeln, mehligkochend
1 Bund Suppengrün
1 Lorbeerblatt
1 TL Majoran
1 TL Bohnenkraut
1½ l Gemüsebrühe
200 g Räuchertofu
2 EL Sonnenblumenöl
1 TL Rauchsalz
2 Prisen Muskatnuss
1 EL Rotweinessig
Salz
Pfeffer

1. Erbsen 24 Stunden in reichlich Salzwasser einweichen. Anschließend abgießen und mit kaltem Wasser abspülen.
2. Zwiebeln hacken, Kartoffeln schälen und würfeln.
3. Suppengrün putzen, schälen und würfeln.
4. Erbsen, Kartoffeln und Suppengrün mit Lorbeer, Majoran und Bohnenkraut 45 Minuten in der Gemüsebrühe kochen.
5. Räuchertofu fein würfeln. Öl in einer Pfanne erhitzen. Zwiebeln und Tofu scharf anbraten.
6. Alles zur Erbsensuppe geben, mit Rauchsalz, Muskat und Essig abschmecken und 15 Minuten köcheln lassen.

»Hühner«-Suppe

ZUTATEN FÜR 4 PORTIONEN

»Hühnchen«:
125 g Kichererbsen aus der Dose
1 EL Hefeflocken
5 g Salz
1 TL Knoblauchpulver
1 TL Zwiebelpulver
1 EL Sojasoße
1 EL Tafelessig
1 EL Olivenöl
200 g Seitan

Außerdem:
1 Bund Suppengrün
1 Zwiebel
½ Bund glatte Petersilie
2 Lorbeerblätter
½ TL Pfefferkörner
1 Zweig Thymian
300 g Karotten
½ Lauchstange
150 g kleine Nudeln ohne Ei
1 Prise Muskatnuss

1. Für das Seitan-»Hühnchen« alle Zutaten bis auf das Seitan mit 250 ml Wasser pürieren. Seitan zugeben, unterrühren und mindestens 10 Minuten mit den Händen verkneten. Teig 30 Minuten ruhen lassen.
2. Teig halbieren und jedes Teigstück flach andrücken. Teiglinge nach innen falten und rund formen. Teiglinge 45 Minuten bei mittlerer Hitze dämpfen. Dann vollständig auskühlen lassen und in mundgerechte Schnetzel zupfen.
3. Suppengrün bis auf den Sellerie putzen und in 1 cm große Würfel schneiden. Zwiebel mit Schale halbieren.
4. Petersilienblättchen abzupfen und hacken.
5. Petersilienstängel mit Lorbeerblättern, Thymian, Suppengrün und Zwiebelhälften in einen Topf geben und mit 2 l Wasser aufgießen.
6. Alles 30 Minuten köcheln lassen.
7. Brühe abseihen und in einem Topf auffangen. Möhren und Sellerie schälen und würfeln. Brühe aufkochen, Möhren- und Selleriewürfel zugeben. Lauch in Scheiben schneiden, zugeben und alles 10 Minuten köcheln lassen.
8. Seitan zugeben und erhitzen. Alles mit Salz und Pfeffer abschmecken. Vor dem Servieren mit Petersilie bestreuen.

Kartoffelsuppe mit Würstchen

**ZUTATEN
FÜR 4 PORTIONEN**

1 Lauchstange
1 Zwiebel
600 g Kartoffeln, mehligkochend
100 g Karotten
50 g Petersilienwurzel
100 g Knollensellerie
2 EL vegane Butter
Salz
Pfeffer
1 ½ l Gemüsebrühe
1 Lorbeerblatt
100 ml vegane Sahne
1 TL Senf
1 Prise Muskatnuss
4 vegane Würstchen
½ Bund Petersilie

1. Lauch putzen, der Länge nach halbieren und in Ringe schneiden.
2. Zwiebel, Kartoffeln, Karotten, Petersilienwurzel, Knollensellerie schälen und würfeln.
3. Butter in einem Topf erhitzen und Zwiebel goldgelb andünsten. Kartoffeln, Karotten, Petersilienwurzel und Knollensellerie zugeben und 2 Minuten dünsten. Mit Salz und Pfeffer würzen.
4. Brühe zugießen, Lorbeer zugeben und aufkochen lassen, dann bei mittlerer Hitze 30 Minuten köcheln lassen.
5. Lorbeer entfernen, Hälfte des Gemüses aus der Suppe nehmen und die Suppe pürieren.
6. Restliches Gemüse wieder zugeben, Sahne und Senf unterrühren. Mit Salz, Pfeffer und Muskatnuss würzen.
7. Würstchen in Scheiben schneiden, zugeben und erhitzen. Petersilie hacken und vor dem Servieren über die Suppe streuen.

Schnibbelbohnen-Suppe

ZUTATEN FÜR 4 PORTIONEN

500 g Schnibbelbohnen (aus dem Glas oder aus der Dose)
1 Zwiebel
500 g Kartoffeln, festkochend
1 EL vegane Butter
3 EL Sonnenblumenöl
1 EL Mehl
1 ½ l vegane Hühnerbrühe
10 Stiele Bohnenkraut
Salz
Pfeffer
100 g veganer Speck
½ Bund Petersilie

1. Bohnen putzen und in 2 cm lange Stücke schneiden. Zwiebel würfeln, Kartoffeln schälen und in 1 cm dicke Stücke schneiden.
2. Butter und 2 EL Öl in einem Topf erhitzen und Zwiebel andünsten. Kartoffelstücke und Bohnen zugeben und 1 Minute mit andünsten.
3. Mehl darüberstreuen.
4. Brühe zugießen und 5 Stiele Bohnenkraut zugeben. Alles aufkochen lassen, dann auf mittlerer Hitze 20 Minuten köcheln lassen.
5. Speck fein würfeln und in einer Pfanne mit dem restlichen Öl anbraten.
6. Petersilie fein hacken. Blättchen des restlichen Bohnenkrauts abzupfen und fein hacken. Aus der Suppe die Bohnenkrautstängel entfernen. Suppe mit Speck, Petersilie und gehacktem Bohnenkraut bestreuen und servieren.

Vegane »Hühnerbrühe«

ZUTATEN FÜR CIRCA 80 G

50 g Hefeflocken
1 EL Salz
½ TL Ingwerpulver
½ TL Kurkuma
1 TL Schwarzer Pfeffer
1 TL Majoran, getrocknet
1 TL Estragon, getrocknet
1 TL Paprikapulver, edelsüß
1 TL Rosmarin
2 TL Salbei
2 TL Selleriesamen
2 TL Thymian
2 ¼ TL Knoblauchpulver
2 ¼ TL Zwiebelpulver
¾ TL Petersilie, getrocknet
1 Lorbeerblatt
½ TL gemahlene Senfkörner
1 Wacholderbeere

1. Alle Zutaten in einen Hochleistungsmixer geben und zu feinem Pulver zermahlen.
2. 1 EL in 250 ml heißem Wasser auflösen.

Deftiger Linseneintopf

ZUTATEN FÜR 4 PORTIONEN

2 Zwiebeln
2 Karotten
300 g Kartoffeln, festkochend
150 g Knollensellerie
½ Lauchstange
2 EL Rapsöl
Salz
Pfeffer
300 g Berglinsen
1,2 l Gemüsebrühe
2 Lorbeerblätter
2 EL Rotweinessig
1 EL Senf
1 TL Zucker
1 Prise Muskatnuss
4 vegane Würstchen (optional)
1 Bund Schnittlauch

1. Zwiebeln würfeln. Möhren, Kartoffeln und Knollensellerie schälen und in 1 cm große Stücke schneiden. Lauch putzen, längs halbieren und in Ringe schneiden.
2. Öl in einem großen Topf erhitzen, Gemüse dazugeben und bei mittlerer Hitze etwa 5 Minuten braten. Mit Salz und Pfeffer würzen.
3. Linsen zugeben, kurz anbraten und mit Gemüsebrühe ablöschen. Lorbeerblätter zugeben.
4. Aufkochen lassen, dann bei mittlerer Hitze und geschlossenem Deckel 20 Minuten köcheln lassen. Mit Essig, Senf, Zucker und Muskatnuss abschmecken. Schnittlauch in Röllchen schneiden. Eintopf auf vier Teller verteilen und mit Schnittlauch garnieren.

STAUB

Kürbissuppe

ZUTATEN
FÜR 4 PORTIONEN

800 g Hokkaido-Kürbis
1 Zwiebel
2 Knoblauchzehen
2 EL vegane Butter
3 EL Sonnenblumenöl
1 l Gemüsebrühe
Salz
Pfeffer
½ TL Paprikapulver, rosenscharf
50 g Kürbiskerne
150 ml vegane Schlagsahne
1 Prise Muskatnuss
1 Prise Zucker
2 TL Orangensaft
2 Stiele Petersilie
2 EL Kürbiskernöl

1. Kürbis vierteln und Kerne entfernen, dann in 3 cm große Stücke schneiden.
2. Zwiebel schälen und würfeln. Knoblauch fein hacken.
3. 1 EL Butter in einem großen Topf erhitzen, Zwiebel und Knoblauch darin 2 Minuten andünsten. Restliche Butter und Öl zugeben und den Kürbis rundherum anrösten.
4. Gemüsebrühe angießen und mit Salz, Pfeffer und Paprikapulver würzen.
5. Aufkochen lassen und 20 Minuten köcheln lassen.
6. Kürbiskerne in einer Pfanne ohne Fettzugabe anrösten.
7. Sahne unter die Suppe rühren und alles fein pürieren.
8. Mit Muskatnuss, Zucker und Orangensaft abschmecken.
9. Petersilie fein hacken. Suppe mit Kürbiskernöl, Kürbiskernen und Petersilie servieren.

Hack-Lauch-Suppe

ZUTATEN FÜR 4 PORTIONEN

3 Lauchstangen
2 Knoblauchzehen
4 EL Sonnenblumenöl
300 g veganes Hackfleisch
Salz
Pfeffer
700 ml Gemüsebrühe
150 g veganer Schmelzkäse
100 g Sojajoghurt oder vegane Sahne

1. Lauch putzen und in feine Ringe schneiden. Knoblauch fein hacken.
2. Öl in einem Topf erhitzen und das Hackfleisch anbraten. Mit Salz und Pfeffer würzen. Lauch und Knoblauch zugeben und 2 Minuten mit anbraten.
3. Mit Gemüsebrühe aufgießen und aufkochen lassen. Alles zugedeckt 10 Minuten köcheln lassen. Zum Schluss Schmelzkäse und Sojajoghurt unterrühren.

TIPP: **Statt veganem Hackfleisch kannst du das Gericht übrigens auch super mit gehacktem Blumenkohl zubereiten.**

Rote-Bete-Suppe

ZUTATEN
FÜR 4 PORTIONEN

1 Zwiebel
1 Knoblauch
2 EL Olivenöl
500 g Rote Bete
400 g Kartoffeln, mehligkochend
1 l Gemüsebrühe
1 Lorbeerblatt
Salz
Pfeffer
50 g Pflanzenjoghurt
4 TL Kürbiskerne
½ Bund Dill

1. Zwiebel und Knoblauch häuten und fein hacken.
2. Olivenöl in einem Topf erhitzen und Zwiebel und Knoblauch anschwitzen.
3. Rote Bete und Kartoffeln schälen und würfeln, in den Topf geben und 2 Minuten braten. Mit Gemüsebrühe ablöschen. Lorbeer zugeben und 30 Minuten köcheln lassen.
4. Lorbeerblatt entfernen und alles pürieren, mit Salz und Pfeffer würzen. Suppe auf vier Teller verteilen und mit Joghurt, Dill und Kürbiskernen servieren.

SALATE

Salate dürfen in der Heimatküche nicht fehlen. Die vornehmen Blattsalate sind aber außen vor, denn hier sind ein deftiger Kartoffelsalat oder Omas Bohnensalat die Nummer 1.

Grüner Bohnensalat

ZUTATEN
FÜR 2 PORTIONEN

500 g grüne Bohnen
2 Zweige Bohnenkraut
2 rote Zwiebeln
3 EL Kräuteressig
4 EL Sonnenblumenöl
1 EL Zitronensaft
½ TL Salz
½ TL Pfeffer
½ TL brauner Zucker

1. Bohnen waschen, putzen und in kochendem Salzwasser zusammen mit dem Bohnenkraut circa 12–18 Minuten kochen (Achtung: Die Bohnen sollten nicht zu weich werden!). Bohnen anschließend in Eiswasser legen.
2. Zwiebeln häuten und fein würfeln.
3. Essig, Öl, Zitronensaft, Salz, Pfeffer und braunen Zucker verrühren.
4. Bohnen abseihen und mit dem Dressing und den Zwiebelwürfeln vermengen.

Eiersalat

ZUTATEN
FÜR 2 PORTIONEN

250 g weiße Champignons
1 Zwiebel
1 Essiggurke
80 g vegane Mayonnaise (Rezept siehe Seite 76)
½ TL Kurkuma, gemahlen
½ Bund Schnittlauch
Salz
Pfeffer
½ TL Kala Namak

1. Champignons grob hacken. Zwiebel häuten und fein würfeln. Essiggurke fein würfeln.
2. Mayonnaise mit Kurkuma, Schnittlauch, Pfeffer und Kala Namak würzen. Alles zusammen vermengen.

TIPP: **Kala Namak ist ein Schwarzsalz, welches den typischen Eigeschmack in die Speisen bringt. Kala Namak kann man ganz einfach online bestellen.**

Gurkensalat

**ZUTATEN
FÜR 4 PORTIONEN**

2 Salatgurken
2 TL Salz
2 rote Zwiebeln
½ Bund Dill
150 g Sojajoghurt
2 EL Weißweinessig
2 EL Öl
1 TL Agavendicksaft
Salz
Pfeffer
1 Prise Zucker

1. Gurken hobeln, mit Salz vermengen und 15 Minuten ziehen lassen. In der Zwischenzeit Zwiebeln häuten und fein würfeln. Dill hacken.
2. Für das Dressing Joghurt, Essig, Öl, Agavendicksaft, Salz und Pfeffer verrühren.
3. Die entstandene Gurkenflüssigkeit abseihen, Zwiebelwürfel unter die Gurkenscheiben heben. Dressing unterrühren. Mit Salz, Pfeffer und etwas Zucker abschmecken.

Kartoffelsalat

ZUTATEN FÜR 2 PORTIONEN

600 g Kartoffeln, festkochend
1 ½ TL Salz
1 rote Zwiebel
5 Essiggurken
100 g vegane Mayonnaise (Rezept siehe Seite 76)
1 EL Branntweinessig
Pfeffer

1. Kartoffeln schälen und in einen großen Topf geben, mit kaltem Wasser bedecken und 1 TL Salz zugeben. Circa 20–25 Minuten bei mittlerer Hitze garen.
2. Abgießen und abkühlen lassen.
3. Kartoffeln in ½ cm dicke Scheiben schneiden.
4. Zwiebel würfeln, Gurken in Scheiben schneiden. Beides unter die Kartoffeln mengen.
5. Mayonnaise mit dem restlichen Salz und Essig verrühren, mit Pfeffer abschmecken.
6. Mayonnaise unter die Kartoffelmischung heben.

TIPP: Der Klassiker kann mit Schnittlauch, Radieschen, Mais, Erbsen, Zucchini und vielen anderen Zutaten noch lecker »aufgemotzt« werden.

ZUTATENREGISTER

Bibliografische Information der Deutschen Nationalbibliothek
Die Deutsche Nationalbibliothek verzeichnet diese Publikation in der Deutschen Nationalbibliografie. Detaillierte bibliografische Daten sind im Internet über http://dnb.d-nb.de abrufbar.

Für Fragen und Anregungen
info@rivaverlag.de

Wichtiger Hinweis
Ausschließlich zum Zweck der besseren Lesbarkeit wurde auf eine genderspezifische Schreibweise sowie eine Mehrfachbezeichnung verzichtet. Alle personenbezogenen Bezeichnungen sind somit geschlechtsneutral zu verstehen.

Originalausgabe
1. Auflage 2023

Türkenstraße 89
80799 München
Tel.: 089 651285-0
Fax: 089 652096

Redaktion: Dr. Frauke Bayer
Umschlaggestaltung: Sonja Vallant
Umschlagabbildungen und Abbildungen im Innenteil: Patrick Rosenthal
Satz: Satzwerk Huber, Germering
Druck: Firmengruppe APPL, aprinta Druck, Wemding
Printed in Germany

ISBN Print 978-3-7423-2055-1
ISBN E-Book (PDF) 978-3-7453-1816-6
ISBN E-Book (EPUB, Mobi) 978-3-7453-1817-3